CUBA
Las Estructuras del Poder
La Élite

COLECCION CUBA Y SUS JUECES

EDICIONES UNIVERSAL, Miami, Florida, 1989

Manuel Sánchez Pérez

CUBA

Las Estructuras del Poder

La Élite

P.O. Box 450353 Shenandoah Station
Miami, Florida, 33145, U.S.A.

© Copyright 1989 by A.R. Freire
All rights reserved. No portion of the contents may be reproduced
in any form without written permission of the publisher.

Library of Congress Catalog Card No. 89-83374
I.S.B.N.: 0-89729-551-X

MANUEL SÁNCHEZ PÉREZ tenía 14 años cuando el triunfo de la Revolución de Fidel Castro, en 1959. En 1961 comenzó a trabajar en el Ministerio de Industrias y en 1962 fue enviado personalmente por el Ministro, Ernesto Guevara, a realizar estudios de economía en la República Democrática Alemana.

Desde su regreso a Cuba, en 1967, ocupó importantes responsabilidades en la esfera económica, llegando a ser una de las principales autoridades en ese campo, lo que le permitió conocer y relacionarse con la élite del poder en Cuba.

En 1985 decidió abandonar Cuba y solicitó asilo político en España donde cuatro días después, un comando de los Servicios de Inteligencia de Cuba intentó secuestrarlo en una calle de Madrid, lo cual, gracias a la ayuda de unos transeúntes casuales, no pudo materializarse.

Desde entonces, Sánchez Pérez ha venido divulgando lo que realmente sucede en la sociedad cubana, con la autoridad que le concede su amplio conocimiento de la misma. Este libro forma parte de ese conocimiento.

CONTENIDO

	RECONOCIMIENTOS	xiii
1-	¿ QUIEN MANDA EN CUBA ?	1
2-	LA ESTRUCTURA DE DIRECCION DE LA SOCIEDAD CUBANA	5
	- EL PARTIDO COMUNISTA	5
	- LA UNION DE JOVENES COMUNISTAS	9
	- LAS ORGANIZACIONES DE MASAS	9
	- EL APARATO MILITAR-REPRESIVO	10
	- EL APARATO ADMINISTRATIVO	11
	- EL GOBIERNO	13
3-	LA ELITE DEL PODER	15
	- LOS MIEMBROS FORMALES DEL COMITE CENTRAL	17
	- LOS QUE HAN PERDIDO SU PODER	18
	- LOS HISTORICOS FORMALES	19
	- LOS QUE OSTENTAN PODERES MUY PARCIALES	21
	- LOS QUE REALMENTE CONCENTRAN EL PODER	35
4-	SINTESIS	49
5-	FICHAS BIOGRAFICAS	57
	- ACLARACIONES	59
	- MIEMBROS EFECTIVOS DEL COMITE CENTRAL	63
	- MIEMBROS SUPLENTES DEL COMITE CENTRAL	195
	- OTROS	243
6-	ANEXOS	249

INDICE DE FICHAS BIOGRAFICAS

MIEMBROS EFECTIVOS DEL COMITE CENTRAL

ACEVEDO GONZALEZ, ROGELIO	65
ACOSTA CORDERO, ARMANDO	66
ACOSTA SANTANA, JOSE	67
AGUIRRE DEL CRISTO, SEVERO	68
ALDANA ESCALANTE, CARLOS	69
ALEMAÑY AGUILERA, NIEVES	71
ALFONSO GONZALEZ, DAMIAN	71
ALMEIDA BOSQUE, JUAN	72
ALVAREZ CAMBRAS, RODRIGO	74
ALVAREZ DE LA NUEZ, LUIS	75
ALVAREZ GIL, ABELARDO	76
ARAGONES NAVARRO, EMILIO	76
BALAGUER CABRERA, JOSE R.	77
BALBOA MONZON, ARGELIA	78
BARREIRO CARAMES, LUIS G.	79
BATISTA SANTANA, SIXTO	80
BEATO MOREJON, FAUSTINO	82
BENAVIDES RODRIGUEZ, JOAQUIN	82
BERMUDEZ CUTIÑO, JESUS	83
BERNAL CAMERO, JOAQUIN	84
BETANCOURT CRUCES, URBELINO	85
CABALLERO CASANOVA, FRANCISCO	86
CAMACHO AGUILERA, JULIO	87
CANO BLANCO, JOSE	88
CARCAÑO ARAUJO, DORA	89
CARDENAS GARCIA, TOMAS	90
CARNEADO RODRIGUEZ, JOSE F.	91
CASAS REGUEIRO, JULIO	92
CASAS REGUEIRO, SENEN	93
CASTRO RUZ, FIDEL	94
CASTRO RUZ, RAUL	95
CHAVEZ GONZALEZ, PEDRO	96
CHOMON MEDIAVILLA, FAURE	97
CIENFUEGOS GORRIARAN, OSMANY	98
CINTRA FRIAS, LEOPOLDO	99
COLOME IBARRA, ABELARDO	100
CONTRERAS PIEDRA, XIOMARA	102
CORRIERI HERNANDEZ, SERGIO	102
CRABB VALDES, HOMERO	103
CROMBET HERNANDEZ, JAIME	104
DE LOS SANTOS TAMAYO, ASELA	105
DEL VALLE JIMENEZ, SERGIO	106
DOMENECH BENITEZ, JOEL	107

ESCALANTE FONT, FABIAN	108
ESCALONA REGUERA, JUAN	109
ESPIN GUILLOIS, VILMA	110
ESPINOSA MARTIN, RAMON	111
ESQUIVEL YEDRA, ANTONIO	112
FERNANDEZ ALVAREZ, JOSE R.	113
FERNANDEZ BOADA, EDDY	114
FERNANDEZ DIAZ, PEDRO	115
FERNANDEZ GONDIN, CARLOS	116
FERNANDEZ MELL, OSCAR	117
FERNANDEZ PERERA, ROSARIO	118
FERNANDEZ TORRES, ELCIRA	119
FERRER GOMEZ, YOLANDA	120
FLEITAS RAMIREZ, GUSTAVO	120
GARCIA FERNANDEZ, RIGOBERTO	121
GARCIA FRIAS, GUILLERMO	122
GODOY HERNANDEZ, SANTOS	123
GONZALEZ GONZALEZ, ISMAEL	124
GONZALEZ TORRES, JOSE	125
GROBART, FABIO	126
HART DAVALOS, ARMANDO	127
HERNANDEZ RODRIGUEZ, MELBA	128
HONDAL GONZALEZ, ALFREDO	129
ISER MOJENA, OMAR	130
JORDAN MORALES, ALFREDO	130
LAGE DAVILA, CARLOS	131
LAZO HERNANDEZ, ESTEBAN	132
LEYVA TORRES, JUANA	133
LEZCANO PEREZ, JORGE	134
LINARES CALVO, FRANCISCO	135
LINARES VALDES, JOSE	136
LOPEZ CUBA, NESTOR	137
LOPEZ LOPEZ, MANUEL	138
LOPEZ MORENO, JOSE	139
LOPEZ SOTOLONGO, ROGELIO	140
LOYOLA FERNANDEZ, JOSE	140
LUGO FONTE, ORLANDO	141
MACHADO VENTURA, JOSE R.	142
MALMIERCA PEOLI, ISIDORO	143
MANRESA GONZALEZ, ARMANDO	144
MANZANAREZ AYALA, TANIA	145
MENA KINDELAN, ANGEL	146
MENDOZA REBOREDO, JORGE E.	146
MENENDEZ TOMASSEVICH, RAUL	147
MICHEL VARGAS, RAUL	148
MIGUEL FERNANDEZ, HUMBERTO	149
MIRET PRIETO, PEDRO	150
MILLAR BARRUECOS, JOSE	152
MONTANE OROPESA, JESUS	153

MORALES CARTAYA, ALFREDO	154
MORENO BOFILL, ANGEL	154
NARANJO MORALES, JOSE	155
PEÑALVER VALDES, RENE	156
PEREZ HERNANDEZ, FAUSTINO	157
PEREZ HERRERO, ANTONIO	158
PIÑEIRO LOSADA, MANUEL	159
PORTAL LEON, MARCOS	160
PUENTE FERRO, RODOLFO	161
QUINTAS SOLA, JOAQUIN	162
RAMIREZ CRUZ, JOSE	163
RAMOS PERERA, FIDEL	164
REYES FERNANDEZ, MARIA C.	165
RISQUET VALDES, JORGE	166
RIZO ALVAREZ, JULIAN	167
ROBAINA GONZALEZ, ROBERTO	168
ROBINSON AGRAMONTE, GLADYS	169
ROCHE ALVAREZ, PEDRO	169
RODRIGUEZ CARDONA, SONIA	170
RODRIGUEZ CRUZ, RENE	171
RODRIGUEZ HERNANDEZ, LUIS	172
RODRIGUEZ LLOMPART, HECTOR	173
RODRIGUEZ MAURELL, ANTONIO	174
RODRIGUEZ RODRIGUEZ, CARLOS R.	175
ROSALES DEL TORO, ULISES	176
ROSS LEAL, PEDRO	177
SCUEG COLAS, VICTOR	178
SIMEON NEGRIN ROSA E.	180
SOCARRAS MIRANDA, ARNALDO	181
SOTO PRIETO, LIONEL	181
TEJA PEREZ, JULIO	182
TORRES JAUMA, CASIMIRA	183
TRUJILLO AGUERO, JULIO	184
VALDES MENENDEZ, RAMIRO	185
VALDES RODRIGUEZ, JORGE	186
VALDES VALDES, RAFAEL	187
VALDES VIVO, RAUL	188
VALDIVIA DOMINGUEZ, ADOLFO	189
VALLE FERNANDEZ, ELIDA	190
VAZQUEZ GARCIA, LAZARO	191
VECINO ALEGRET, FERNANDO	192
VEIGA MENENDEZ, ROBERTO	193
VELIZ RIOS, MARGARITA	193

MIEMBROS SUPLENTES DEL COMITE CENTRAL

ALARCON QUESADA, RICARDO	197
ALVAREZ BLANCO, JULIAN	198
ANDOLLO VALDES, RAMON	198
BARANDA COLUMBIE, FELIX	199
BOSCH DIAZ, MARTHA	200
CASTELLANOS LAGE, RAUL	200
CASTELL SERRATE, PASTOR	201
CASTILLO CUESTA, BARBARA	202
COBAS RUIZ, MARCIA	202
CORTINA LICEA, MAGDA	203
COSME DIAZ, DORA	204
CUEVAS IBAÑEZ, EUGENIO	204
DIAZ SUAREZ, ADOLFO	205
DINZA DESPAIGNE, OMAR	206
EXPOSITO RODRIGUEZ, ANA L.	206
FAJARDO PI, AUGUSTO	207
FERNANDEZ CIVICO, ELADIO	208
FERNANDEZ CRESPO, MANUEL	208
FREYRE RIVERO, ORLANDO	209
FROMETA MATOS, NIDIAN	209
GARCIA ALVAREZ, MARIA	210
GARCIA CABRERA, OSCAR	210
GARCIA FERRER, FRANCISCO	211
GARCIA GARCIA, ELDA	212
GARCIA GIL, JOSE	212
GARCIA LLORCA, MIRTHA	213
GARCIA VERA, YADIRA	213
GELL NOA, JOSE	214
GOMEZ CABRERA, RAUL	214
GOMEZ CORTES, OLGA	215
GOMEZ GONZALEZ, EVIDIO	215
GONZALEZ ABREU, VELIA	216
GONZALEZ ACOSTA, LUIS	216
GONZALEZ PEREZ, IRAN	217
GONZALEZ RIVAS, ADDEGUNDE	217
GUTIERREZ CEPERO, CARMEN	218
JEREZ SANTIESTEBAN, ARNALDO	218
LARDUET DESPAIGNE, REINALDO	219
LEMUS RIVERO, VICTORINO	219
LEON MIGUEZ, MARIO	220
LEZCANO PEREZ, CARLOS	220
LIMONTA VIDAL, MANUEL	221
LINARES VILTRES ,SILVANO	222
LOPEZ DIAZ, JULIAN	222
LOPEZ MIERA ,ALVARO	223
LLANO MONTANE, MERCEDES	224

MATOS BELLO, JORGE	224
MAZAR ANTUNEZ, CORALIA	225
MILIAN RIVERO, GUSTAVO	225
MORACEN LIMONTA,, RAFAEL	226
MORALES LOPEZ, ERMELINDA	227
NAVARRETE NAVARRO, MARGARITA	227
OVIEDO HORMAZA, TOMAS	228
PARRA SANTOYA, FIDEL	228
PEDROSO KIRKWOOD, NATIVIDAD	228
PEREZ BETANCOURT, PEDRO	229
PEREZ HERNANDEZ, MANUEL	230
PEREZ LEZCANO, SERGIO	230
PIMIENTA VELOZ, EMILIO	230
PINEDA VASALLO, VICENTE	232
ROBINSON AGRAMONTE, JUAN	232
ROCA IGLESIAS, ALEJANDRO	232
RODILES PLANAS, SAMUEL	233
RODRIGUEZ ALONSO, MIRTHA	234
RODRIGUEZ CURBELO, BRUNO	234
RODRIGUEZ DIAZ, MIGUEL	235
RODRIGUEZ NODALS, ADOLFO	236
RONDA MARRERO, ALEJANDRO	236
RUIZ CAMPOS, JOSE	237
SANCHEZ ALBERRO, EDUARDO	237
SOTELO SARMIENTO, MANUEL	238
SMITH PRIDDE, JAIME	238
SOTO AGÜERO, MILAGROS	238
SOTOMAYOR GARCIA ,ROMARICO	239
SUAREZ CAMPOS, MARIA	240
TAMAYO MENDEZ, ARNALDO	240
UMPIERRE SUAREZ, OSVALDO	241
VERDECIA RAMIREZ, JOSE	242
VILA CRUZ, MANUEL	242

OTROS

MARTINEZ PUENTE, RUBEN	245
PARDO GUERRA, RAMON	246

RECONOCIMIENTOS

Quiero dejar constancia de que este libro ha sido posible gracias al estímulo, apoyo e innumerables horas de trabajo de mi esposa Ana. Asímismo quiero expresarles mi agradecimiento a los miembros del Centro para Análisis sobre Cuba, que siempre estuvieron prestos a brindarme su cooperación en este proyecto.

CUBA

Las Estructuras del Poder

1

¿ QUIEN MANDA EN CUBA ?

Difícilmente otra pregunta realizada a cualquier cubano en la Isla, con independencia de su integración política, edad, sexo, raza o nivel cultural, pueda tener una respuesta tan rápida y clara como la de ¿Quién manda en Cuba? Todo el mundo, sin excepción, responderá al instante: "Fidel". Si a esta primera pregunta se le añade la de ¿y después de Fidel?, de nuevo, sin titubear, la respuesta será unánime: "Raúl", refiriéndose inequívocamente al hermano menor de Fidel Castro. Pero ya, si la curiosidad se extiende más allá de estas dos primeras posiciones, las respuestas serán disímiles y en muchos casos no habrá ninguna.

Y, sin duda, los cubanos saben lo que están diciendo. Resulta verdaderamente difícil encontrar, en una sociedad contemporánea, una acumulación de poder tan absoluta sobre la vida de un país como la que existe en la Cuba gobernada por Fidel Castro, ejercida por este de forma total y situada en herencia clara a su definido sucesor, Raúl.

Esta situación ha sido así desde el ascenso al poder de Fidel Castro en 1959. Actualmente, los hermanos Castro ocupan los siguientes cargos:

Fidel Castro	Raúl Castro
- Primer Secretario del Partido Comunista (único partido legal en el país)	Segundo Secretario del Partido Comunista
- Presidente de los Consejos de Estado y de Ministros (máximas instancias de Gobierno)	Vicepresidente de los Consejos de Estado y de Ministros
- Comandante en Jefe de las Fuerzas Armadas	Ministro de las Fuerzas Armadas

Esta absoluta concentración de los cargos más importantes evidencia, por sí sola, el poder indiscutible del "Máximo Líder de la Revolución Cubana" y de su segundo al mando, hermano y heredero oficial.

1

Pero aún en un caso tan particular como el de Cuba y Fidel Castro, se necesitan instituciones para garantizar el funcionamiento de una sociedad y las mismas tienen que ser dirigidas y controladas por distintas personas. Si bien, estas instituciones carecen de una independencia real y su principal función consiste en garantizar y controlar el cumplimiento de las directivas del "Comandante en Jefe", los hombres que están al frente de las mismas, de hecho, comparten el poder en Cuba, ya sea por la confianza que en ellos tiene depositada el máximo líder o por la importancia de la actividad en sí misma. El objetivo de este libro es definir, dentro de la principal fuerza dirigente del país, quiénes son los personajes que ejercen un poder real así como cuáles son sus jerarquías y áreas de influencia.

Este estudio resulta imprescindible para entender adecuadamente el funcionamiento de la sociedad cubana actual, sobre todo si se tiene en cuenta que el excepcional fenómeno de centralización de autoridad que ha caracterizado a la sociedad cubana durante los últimos 30 años, no puede ser eterno.

El esquema organizativo del estado cubano actual descansa en los siguientes componentes:

- el partido
- las fuerzas armadas y la seguridad del estado
- la administración

Como en todo régimen marxista, en Cuba, el papel preponderante en la sociedad lo tiene el Partido Comunista. Esto es así, en primer lugar, por un principio de total subordinación de la sociedad a los principios políticos que la rigen. La práctica de los estados marxistas ha demostrado que en los mismos los aspectos económicos, sociales y de libertades son totalmente subordinados a la estricta observancia de los fundamentos políticos que garanticen, en primera instancia y sobre cualquier otra cosa, el mantenimiento de la estructura política de poder. Por ello, los Partidos Comunistas en los países con sistemas marxistas, crean una poderosa estructura que dirige y controla rígidamente el funcionamiento de todas las instancias gubernamentales, militares y sociales.

El sistema cubano, lejos de ser una excepción a esta regla, es parte de ella en su forma más estricta. Inclusive, el Partido Comunista Cubano no admite, aunque sea con poderes limitados, la existencia de otros partidos como es el caso de Polonia, Alemania y Hungría.

Esta extrema posición conduce a otro fenómeno en la sociedad cubana. La dirección de todos los aparatos gubernamentales, militares y sociales está en manos de militantes del partido. Con ello, el partido no sólo garantiza su hegemonía a través de un voluminoso y articulado aparato político integrado por funcionarios profesionales de esta organización, sino que, además, tiene ubicados a sus miembros en todas las posiciones clave del país.

Las fuerzas armadas y la seguridad del estado constituyen los eslabones que garantizan la estabilidad del sistema. A pesar de la constante retórica de los principales dirigentes cubanos, el aparato militar cubano no tiene como primer objetivo el de salvaguardar la soberanía nacional de una agresión directa del imperialismo norteamericano. Entre los más importantes oficiales del ejército cubano, incluyendo al propio Fidel Castro, existe el total convencimiento de que ni aun con la extraordinaria fuerza disponible se estaría en condiciones de resistir un enfrentamiento directo con las fuerzas armadas norteamericanas. Es más, los líderes cubanos saben de sobra que esa alternativa está fuera de toda posibilidad y para combatir una acción de un grupo armado que no sea un bien entrenado y equipado ejército regular como el norteamericano, no son necesarios 300,000 hombres dotados del más moderno material bélico. Los verdaderos objetivos de este ejército son:

- Contar con una fuerza propia que no permita a la oposición interna, ni siquiera plantearse una alternativa insurgente.

- Apoyar las pretensiones de líder mundial del Jefe del Gobierno cubano, no sólo con retórica e ideología, sino con un poder militar real.

A su vez, la seguridad del estado ha tenido la función de estructurar y mantener el estado policíaco en la sociedad cubana. Los acontecimientos que se iniciaron en junio de 1989 con el supuesto escándalo del narcotráfico, han provocado la total subordinación y fusión de la seguridad del estado con las fuerzas armadas, centralizándose, bajo un mismo mando, a todo el aparato represivo cubano.

Por último, la administración es vista por Fidel Castro como un mal irremediable ya que ni aun en el caótico e inestable sistema administrativo cubano, es posible prescindir de instituciones que controlen los detalles de las múltiples actividades que una sociedad requiere para subsistir. Sus funciones, aunque imprescindibles e importantes, se ven muy limitadas por el voluntarismo y la centralización de las decisiones por parte del Primer Ministro, el estricto control que sobre ella ejerce el Partido y el insalvable escollo que representa la fuerza represiva del ejército y la seguridad del estado.

En estos tres componentes básicos de la sociedad cubana han de encontrarse los hombres que integran la élite del poder en Cuba.

Para facilitar la comprensión del contexto en que se desenvuelven los dirigentes en Cuba, a continuación se brinda una breve explicación de los principios básicos de funcionamiento y organización de los cuerpos de dirección de la sociedad cubana.

2

LA ESTRUCTURA DE DIRECCION DE LA SOCIEDAD CUBANA

EL PARTIDO COMUNISTA

El Partido Comunista en Cuba constituye la indiscutible fuerza rectora de absolutamente todas las actividades en el país. Para garantizar su hegemonía se basa en los siguientes elementos:

- es el único partido legal que existe en el país.

- controla totalmente la política de cuadros de todas las instituciones del país, no permitiendo, salvo excepciones muy contadas y temporales, el acceso a cargos de importancia de ningún funcionario que no milite en el Partido.

- cuenta con una estructura que está presente en todas las actividades de la nación.

- es la máxima instancia de aprobación de todas las acciones sociales, económicas, militares y por supuesto políticas del país.

- funciona bajo el principio de subordinación y obediencia absoluta de todos sus militantes a las directivas de los órganos partidarios de dirección. El no acatamiento de este principio conlleva, irremediablemente, a la severa sanción o expulsión de las filas del partido.

El Partido Comunista Cubano, cuenta con un poderoso dispositivo de más de 60,000 funcionarios profesionales, totalmente dedicados a la actividad partidaria y con una masa de 600,000 militantes.

La Estructura del Partido Comunista
Las Organizaciones de Base

La célula básica del Partido la constituyen los núcleos. Estos son agrupaciones de militantes en una unidad laboral o territorial. En una fábrica, granja o tienda, por ejemplo, los militantes se agrupan en un núcleo y se encargan del control político de dicha instancia. Todas las organizaciones existentes en el centro de trabajo, se subordinan de hecho a la supervisión y control del núcleo del partido. Con ello se garantiza, entre otras cosas, que ninguna organización actúe independiente del partido y, por ejemplo, los dirigentes del sindicato de trabajadores tienen que contar con la aprobación del núcleo del partido para todas sus actividades.

Por supuesto, ningún trabajador puede desempeñar una función de dirección dentro del sindicato si no es previamente aprobado por el núcleo del partido de su centro. Pero la labor del partido no se limita al control de las actividades políticas, sino que abarca también la esfera administrativa. Todas las tareas técnicas y económicas de una unidad laboral, tienen que ser sometidas a la consideración del núcleo del partido. Para evitar al máximo los conflictos de la administración con el partido, la norma es que los dirigentes administrativos que se seleccionen sean, a su vez, militantes del partido y con ello se les subordina directamente al mando de éste.

La Organización Territorial

Los núcleos del partido en un centro laboral se subordinan directamente al Comité del Partido del municipio donde se encuentran físicamente ubicados. Esto es conocido como el principio de subordinación territorial y garantiza la independencia del partido de los criterios de los Ministerios Nacionales. De esa forma, con independencia de que una unidad laboral esté, administrativamente, subordinada al Ministerio de la Industria Ligera, o Básica o a cualquier otro, sus militantes responden y son controlados, en primera instancia, por el Comité del Partido de su Municipio. A su vez, los Comités Municipales del Partido se subordinan a los Comités Provinciales del Partido, con lo cual se reafirma totalmente la línea de mando territorial de la única organización política en Cuba.

Este principio de subordinación territorial debilita sensiblemente la autoridad del aparato administrativo, compuesto por los Ministerios Centrales. Su autoridad sobre las unidades de producción o servicios a ellos subordinadas, se ve totalmente limitada por el tremendo poder que el Partido acumula territorialmente sobre las mismas. Un Ministro en Cuba, no puede ni siquiera destituir a un administrador que considere ineficiente, si los Comités Provinciales y Municipales del Partido no le dan su aprobación.

El Aparato Central de Dirección

Por encima de los Comités Provinciales, el Partido cuenta con un poderoso aparato central que controla, tanto a sus dependencias territoriales, como al aparato administrativo del país. Estos son:

El Comité Central

El Comité Central del Partido representa la élite de dirección de esta organización. Sin embargo, su actuación como cuerpo está más revestida de formalidad que lo que pudiera parecer según los Estatutos y la propaganda oficial. Debido al rígido principio de disciplina partidaria que suele regir a los Partidos Comunistas, lo cual se agudiza en extremo en el caso cubano a causa de la total centralización de poder por parte de su principal dirigente, el Comité Central del Partido Comunista Cubano no es más que una instancia de legalización de las decisiones tomadas por el equipo dirigente del Partido. El Comité Central en Cuba no puede verse como una especie de parlamento dentro del partido donde todos sus miembros se expresan libre y abiertamente y se toman las decisiones de acuerdo a principios realmente democráticos. El Comité Central sesiona en plenos (generalmente trimestrales) donde sus miembros acuden a recibir directivas y a aprobar lo que teóricamente se somete a su consideración.

Lo que resulta interesante del Comité Central, para entender adecuadamente las estructuras de poder en Cuba, es que no es posible ser un personaje influyente en la "Nomenclatura" cubana si no se es miembro del Comité Central. Pero ello, a su vez, tampoco significa que por el sólo hecho de pertenecer al mismo, automáticamente se clasifique como una figura de primer orden.

El Buró Político

En el Buró Político del Partido se concentra el poder total en Cuba. Más que la máxima instancia del Partido, el Buró Político puede considerarse, sin reservas, como el principal nivel de dirección del país. No existe decisión de trascendencia en Cuba, que no sea tomada por el Buró Político, aunque formal y públicamente aparezcan el Consejo de Estado, la Asamblea Nacional o el Comité Ejecutivo del Consejo de Ministros como autores de la misma. Es el equivalente al Gobierno en un país democrático, con la diferencia de que, al no existir actividad privada, su poder y control es total. Sin embargo, al igual que en el Comité Central, no necesariamente la membresía del Buró Político significa, por sí misma, un status total de poder. Algunos miembros del Buró Político integran el mismo sólo con el objetivo de darle imagen representativa por lo que su verdadero poder es limitado y, en algunos casos, totalmente inexistente.

El Secretariado

El Secretariado es la instancia de dirección operativa del trabajo del Partido. Sus miembros son los que dirigen, controlan y supervisan la amplia actividad del Partido y debido a ello, concentran una parte importantísima del poder en las estructuras cubanas. En el Secretariado, no se encuentran miembros formales o representativos, como es el caso del Comité Central e inclusive del Buró Político. El Secretariado es el Estado Mayor del Partido en Cuba y todas las decisiones de importancia pasan por este cuerpo, aun cuando necesiten de la aprobación del Buró Político.

En el Secretariado están representadas todas las actividades del país. Con la excepción de su primer y segundo secretario -- Fidel y Raúl Castro -- todos sus restantes miembros, nueve en total, son trabajadores profesionales del Partido y la distribución de funciones es la siguiente:

- organización y control de la actividad partidaria
- propaganda ideológica
- relaciones exteriores
- actividades militares y de seguridad
- economía
- agricultura y azúcar

industria y consumo y servicios a la población
construcciones, transporte y comunicaciones
educación, deportes, ciencia y cultura

Para cada una de estas esferas, que agrupan todas las actividades básicas de un estado, existe un funcionario en el Secretariado que se encarga de su control y atención. Con ello se expresa claramente el control que establece el Partido sobre todos los aspectos, no sólo los estrictamente políticos, de la sociedad cubana. Para todas y cada una de las actividades de la administración, existe una contrapartida en el Partido y, de hecho, en la práctica existen dos aparatos que se encargan de las mismas cuestiones. Este paralelismo hace compleja la determinación de los personajes que integran la élite del poder.

Los Departamentos del Comité Central

Los Departamentos del Comité Central constituyen los equipos de trabajo regular del aparato central del Partido. Por una parte, controlan y supervisan totalmente la actividad propia de Partido, así como la de las Organizaciones de Masas y de los Ministerios e Instituciones Gubernamentales. Asimismo, son el punto de contacto regular del trabajo territorial del Partido con los máximos niveles de dirección. Responden directamente al Secretariado, funcionando como una dependencia de éste. Los departamentos son:

- Administración y Servicios
- América
- Asuntos Generales
- Construcciones
- Cultura
- Educación, Ciencia y Deportes
- Militar
- Organizaciones de Masas
- Orientación Revolucionaria
- Salud Pública

- Agricultura y Alimentación
- Asuntos Religiosos
- Azúcar
- Consumo y Servicios
- Económico
- Industria Básica
- Organización
- Organos Judiciales
- Relaciones Exteriores
- Transporte y Comuncaciones

Esta estructura que, al corresponder a un nivel inferior al del Secretariado, lógicamente resulta más detallada y específica, se repite, más o menos de la misma forma en todas las provincias y municipios, completando así el esquema descrito anteriormente del paralelismo del aparato partidario en todas las actividades y a todos los niveles del país. A su vez, hacia arriba, estos Departamentos son dirigidos y controlados por los miembros del Secretariado del Comité Central.

Para tener una visión completa del papel del aparato político en Cuba, es necesario examinar algunos aspectos de la organización política juvenil y de las organizaciones de masas.

LA UNION DE JOVENES COMUNISTAS

Para caracterizar el papel que juega la organización política de la juventud — desde los 14 a los 30 años— en Cuba, baste decir que sólo un dirigente de la misma, su Secretario General, es miembro efectivo del Comité Central. De ser un país donde los jóvenes constituían una parte importante de la avanzada política (el mismo proceso revolucionario dirigido por Fidel Castro es una prueba de ello) ha pasado a ser uno donde, a pesar de que la población con menos de 30 años constituye la mayoría, las masas juveniles están limitadas al obediente papel de cumplir estrictamente las directivas de los viejos camaradas. La Unión de Jóvenes Comunistas es una organización de poco peso en la sociedad cubana y su actividad es dirigida y controlada por el Partido, hasta en los más mínimos detalles.

LAS ORGANIZACIONES DE MASAS

Un principio básico de los países con regímenes marxistas, es el de controlar y hacerle llegar su mensaje político a toda la población, en una forma que ésta no pueda evadirlo. En Cuba, la organización política fundamental, el Partido Comunista, trabaja con un principio de alta selectividad para integrar sus filas. El Partido exige a sus militantes pruebas evidentes de total fidelidad y obediencia al sistema. El mismo principio, aunque aplicado de forma menos rigurosa, es válido para la Unión de Jóvenes Comunistas. Esto, si bien garantiza un alto por ciento de incondicionalidad en la masa militante, deja a una gran parte de la población al margen de la férrea disciplina partidaria. Para compensar esto, está el sistema de Organizaciones de Masas el cual está concebido y estructurado de forma tal que, para escapar del mismo, es necesario asumir una posición, claramente hostil al régimen, lo cual sitúa al rebelde en una situación de total desventaja dentro de la sociedad y puede tener consecuencias realmente peligrosas. Las principales organizaciones son:

- Unión de Pioneros de Cuba   -UPC-
- Federación de Estudiantes de Enseñanza Media   -FEEM-
- Federación de Estudiantes Universitarios   -FEU-
- Central de Trabajadores de Cuba   -CTC-
- Comités de Defensa de la Revolución   -CDR-
- Federación de Mujeres de Cuba   -FMC-
- Asociación Nacional de Agricultores Pequeños   -ANAP-

Desde los seis años, los niños son atrapados por la Unión de Pioneros, a los doce es la Federación de Estudiantes de Enseñanza Media y si ingresan en la Universidad, entonces es la Federación de Estudiantes Universitarios. Cuando se comienza a trabajar, los Sindicatos son una alternativa ineludible. Desde los 14 años, hasta la muerte, los Comités de Defensa de la Revolución, agrupan a prácticamente toda la población cubana. Para las mujeres está la Federación de Mujeres y para los campesinos privados, la Asociación Nacional de Agricultores Pequeños.

Las Organizaciones de Masas no tienen independencia política y están directamente subordinadas al Partido, actuando como cajas de resonancia del mismo, con el único y fundamental objetivo de controlar que toda la población se subordine y cumpla rigurosamente sus directivas y lineamientos.

EL APARATO MILITAR-REPRESIVO

El Ministerio de las Fuerzas Armadas Revolucionarias, conocido como MINFAR en Cuba, es un poderoso cuerpo integrado por unos 300,000 hombres y su primer nivel de dirección está compuesto por los siguientes cargos:

- el Comandante en Jefe de las Fuerzas Armadas
- el Ministro
- el Viceministro a cargo de la Inteligencia y la Contrainteligencia Militar
- el Viceministro a cargo de la Coordinación con la Vida Civil
- el Viceministro a cargo del Estado Mayor General
- el Viceministro a cargo de las Tareas Políticas
- el Viceministro a cargo de la Preparación Combativa
- el Viceministro a cargo de la Defensa Antiaérea y Aviación Militar
- el Viceministro a cargo de la Marina de Guerra
- el Viceministro a cargo de la Retaguardia Central
- el Viceministro a cargo de Tecnología y Producción
- el Viceministro a cargo del Ejército Juvenil del Trabajo
- el Viceministro a cargo de las Milicias de Tropas Territoriales
- el Viceministro a cargo de la Defensa Civil
- el Viceministro a cargo de las Construcciones Militares y Alojamiento de Tropas
- el Viceministro a cargo de Asuntos Económicos Especiales
- el Jefe del Ejército Occidental
- el Jefe del Ejército Central
- el Jefe del Ejército Oriental

A su vez, en el Ministerio del Interior —MININT— que cuenta con unos 70,000 hombres, el primer nivel de dirección está estructurado de la siguiente forma:

- el Ministro
- el Viceministro Primero
- el Viceministro a cargo del Estado Mayor
- el Viceministro a cargo de la Inteligencia
- el Viceministro a cargo de la Contrainteligencia (Seguridad del Estado)
- el Viceministro a cargo del Orden Público y la Prevención del Crimen (Policía Nacional)
- el Viceministro a cargo de las Tropas Especiales
- el Viceministro a cargo de las Tropas Guardafronteras
- el Viceministro a cargo de las Tareas Políticas
- el Viceministro a cargo de la Retaguardia

EL APARATO ADMINISTRATIVO

La administración del Estado Cubano está formalmente asignada al Consejo de Ministros. Pero este cuerpo no pasa de ser un conjunto de instituciones aisladas que actúan según los dictados y prioridades de su Presidente, Fidel Castro. El Consejo de Ministros en Cuba no funciona como es conocido en los países democráticos e inclusive en algunos países comunistas, de forma colectiva, reuniéndose periódicamente y coordinando las decisiones fundamentales para el país. Sencillamente, no colegia y sus relaciones son más espontáneas que sistemáticas. Para remediar esto un tanto, se creó el Comité Ejecutivo del Consejo de Ministros que está compuesto por un reducido grupo de funcionarios, a los que se les otorgó el rango de Vicepresidentes de Gobierno, y que agrupan la atención de los distintos Ministerios y Organismos de la Administración. De esa forma, se atenúa un tanto la contradicción que significa una conducción tan centralizada y personal de la administración con la existencia de un amplio cuerpo investido de responsabilidades formales y que no era ni es tomado en cuenta para la toma de decisiones. El reducido equipo de Vicepresidentes del Comité Ejecutivo del Consejo de Ministros constituye un grupo más íntimo, a través del cual se cubre la forma y, con ello, se hace menos evidente la falta de mecanismos e institucionalización de la sociedad cubana.

Las funciones en el Comité Ejecutivo están distribuidas, básicamente, por sectores y existe un Vicepresidente del Gobierno para cada una de las siguientes actividades:

- Agricultura, Alimentación y Azúcar
- Asuntos Militares y de Seguridad
- Economía
- Energía
- Consumo y Servicios
- Construcciones
- Industria Básica
- Organización y Asuntos Globales
- Relaciones Económicas Externas
- Transporte y Comunicaciones

No hay Vicepresidentes del Comité Ejecutivo asignados para las actividades de Relaciones Exteriores, Salud Pública, Cultura ni Justicia, las cuales son atendidas directamente por Fidel Castro.

Los principales organismos de la Administración Central del Estado (con rango de Ministerios) son los siguientes:

- Junta Central de Planificación   -JUCEPLAN-
- Banco Nacional de Cuba   -BNC-
- Comisión Nacional de Energía   -CNE-
- Comisión del Sistema de Dirección de la Economía   -CSDE-
- Comité Estatal de Abastecimiento Técnico Material -CEATM-
- Comité Estatal de Finanzas   -CEF-

- Comité Estatal de Colaboración Económica — -CECE-
- Comité Estatal de Trabajo y Seguridad Social — -CETS-
- Comité Estatal de Precios — -CEP-
- Comité Estatal de Normalización y Metrología — -CEN-
- Comité Estatal de Estadísticas — -CEE-
- Ministerio de Relaciones Exteriores — -MINREX-
- Ministerio de Comercio Exterior — -MINCEX-
- Ministerio de la Agricultura — -MINAG-
- Ministerio de la Industria Alimenticia — -MINAL-
- Ministerio del Azúcar — -MINAZ-
- Ministerio de la Construcción — -MICONS-
- Ministerio de la Industria de Materiales de Construcción — -MIMC-
- Ministerio de Transportes — -MITRANS-
- Ministerio de Comunicaciones — -MINCOM-
- Ministerio de la Industria Básica — -MINBAS-
- Ministerio de la Industria Ligera — -MINIL-
- Ministerio de la Pesca — -MINPES-
- Ministerio de la Industria Sidero-Mecánica — -SIME-
- Ministerio de Comercio Interior — -MINCIN-
- Ministerio de Cultura — -MINCULT-
- Ministerio de Salud Pública — -MINSAP-
- Ministerio de Educación — -MINED-
- Ministerio de Educación Superior — -MINES-
- Ministerio de Justicia — -MINJUS-
- Ministerio de las Fuerzas Armadas Revolucionarias — -MINFAR-
- Ministerio del Interior — -MININT-
- Instituto Nacional de Turismo — -INTUR-
- Instituto de Aviación Civil — -IACC-
- Instituto Cubano de Radio y Televisión — -ICRT-
- Instituto Nacional de Deportes y Recreación — -INDER-

Todos estos organismos funcionan subordinados a los distintos Vicepresidentes del Comité Ejecutivo del Consejo de Ministros —con las excepciones mencionadas anteriormente— y es a través de estos que reciben sus orientaciones de trabajo y son controlados en su ejecución. Dentro de este esquema existe una particularidad y es en lo concerniente a los aspectos económicos.

Debido a la interrelación de todos los Ministerios en materia económica, se ha hecho necesario crear un grupo de trabajo especial para coordinar estos aspectos. Este grupo es llamado "Grupo Central" y se sitúa por encima de todos los Ministerios e inclusive de los Vicepresidentes del Gobierno en todo lo relacionado con la economía del país. En la práctica, constituye un superministerio de Economía, cuya función es tratar de darles cabida en el plan nacional a las directivas de Fidel Castro, así como controlar su ejecución.

EL GOBIERNO

En teoría, Cuba es gobernada por el Consejo de Estado y la Asamblea Nacional del Poder Popular. Estas son las instancias que aprueban las leyes, decretos, planes, estructuras y en fin todas las cuestiones básicas de la sociedad cubana. En realidad esto no es más que un monumental formalismo. Las decisiones importantes en Cuba son tomadas por el Partido y ejecutadas por la Administración.

Tanto el Consejo de Estado, una especie de selección de notables de la Asamblea Nacional, como ésta, existen y funcionan con el único objetivo de darle apariencia de legalidad, democracia y formalidad a un Estado que está totalmente controlado por un único partido político que ostenta el poder absoluto sobre todos los aspectos de la sociedad.

El Consejo de Estado es elegido por los Diputados de la Asamblea Nacional y constituye el organismo que los representa y suplanta en los períodos que median entre las sesiones de la Asamblea, normalmente semestrales. El 80 por ciento de los integrantes del Consejo de Estado pertenece al Comité Central del Partido Comunista, lo cual no es una sorpresa si se tiene en cuenta que los Diputados son "colocados" en la Asamblea por el Partido, que es el que dirige el proceso electoral.

El mecanismo parlamentario se reproduce en todas las provincias y municipios del país y su papel está revestido, en esencia, del mismo grado de formalidad. Los presidentes de las Asambleas Provinciales y Municipales del Poder Popular —conocidos como Presidentes del Poder Popular—, son una especie de alcaldes para las cuestiones estrictamente locales —servicios comunales, comercio minorista, educación elemental, mantenimiento constructivo, transporte local, pequeñas industrias locales, etc.— y, por supuesto, para apoyar a los Secretarios del Partido, que son los jefes reales en el territorio.

Quizás lo más importante y significativo de este formalismo gubernamental, es que en el mismo se encuentran los elementos de organización y procedimiento para que en algún momento, cuando Cuba deje de ser dominada, en la forma en que lo es hoy, por un sólo Partido y un sólo hombre, se inicie y viabilice un proceso real de aperturas democráticas y de institucionalización de la sociedad.

3

LA ELITE DEL PODER

¿Cómo determinar quiénes son los personajes más influyentes dentro de la sociedad cubana actual? La aseveración de que estos son Fidel y Raúl Castro es cierta pero insuficiente. Por mucho poder que acumulen estos dos hombres tiene que haber forzosamente un equipo que los apoye en la compleja conducción del país. El elemento clave para iniciar este análisis lo constituye su posición dentro del Partido. **No es posible ser una figura destacada en la estructura cubana y no tener una posición importante dentro del Partido.**

Siguiendo esta línea de pensamiento se podría llegar a una rápida conclusión. La élite del poder en Cuba se encuentra en las dos máximas instancias del Partido: El Buró Político y el Secretariado.

Pero el identificar a los miembros del Buró Político y del Secretariado como el conjunto de poderosos en Cuba por el hecho de que estos dos cuerpos son los más importantes en la estructura partidaria sería superficial y conduciría a falsas conclusiones. Dentro del Buró Político se combinan miembros con un gran poder real, con otros que han sido incluidos en ese nivel por tener una historia destacada en el proceso revolucionario, pero que ya no son figuras con plena vigencia, así como con algunos que sólo pertenecen al Buró por su raza, sexo o representatividad formal de la institución que dirigen. De igual forma, en el Secretariado, no todos sus integrantes tienen igual importancia, ni acumulan la misma influencia. Además, una rápida lectura a la lista de instituciones fundamentales evidencia que existen dirigentes muy importantes que no pertenecen a estos cuerpos.

Es, por tanto, necesario partir de una base más amplia para realizar la identificación de los que realmente concentran el poder. El punto de partida para ello debe ser el Comité Central.

De la misma forma que no es posible ocupar una posición destacada dentro de la sociedad cubana actual si no se es miembro del Partido, no es concebible que alguien que acumule un poder real de significación no sea "santificado" con su inclusión en el Comité Central. Ello negaría el papel de fuerza rectora absoluta que tiene, en la teoría y en la práctica, el Partido Comunista en la sociedad cubana. Existen, por ejemplo, Ministros del Gobierno que no pertenecen al Comité Central. Estos "altos" funcionarios que, por alguna razón, no han sido considerados dirigentes políticos de primer nivel, se ven obligados a desempeñar su parcela de autoridad desde una posición muy frágil y limitada y su permanencia en la posición es mucho menos sólida que la de un dirigente equivalente que integre el Comité Central. Estas exclusiones no son, de ninguna manera, casuales o formales. Tampoco puede verse en las mismas una expresión de independencia y clara diferenciación de los poderes políticos y de gobierno. Ningún Ministro de Gobierno en Cuba puede tomar ninguna decisión de importancia, si la misma no es aprobada por las máximas instancias del Partido. La subordinación al aparato político es total. Luego entonces, si su autoridad está condicionada a los criterios del supremo equipo político y él no integra el mismo, su papel y poder resultan realmente limitados. Sin duda alguna, las figuras élites de entre los 600,000 militantes del Partido Comunista Cubano pertenecen a su Comité Central. La selección para pertenecer al Comité Central la realiza el Buró Político y es formalmente ratificada por el pleno de Delegados al Congreso del Partido. Los criterios básicos para integrar el Comité Central son:

- importancia de la posición que se ocupa,
- participación en el proceso político previo y posterior al triunfo de la revolución,
- representatividad de un sector determinado de la sociedad.

En realidad, es el primer criterio el verdaderamente fundamental para encauzar un análisis que conduzca a determinar la élite del poder en Cuba. La historia o la representatividad no son, por sí solas, elementos reales de poder. Luego entonces, es la combinación de pertenecer a la máxima instancia política con la realidad de estar al frente de una actividad decisiva para la sociedad, lo que brinda los elementos necesarios para esta selección.

Dentro del Comité Central se encuentra una clasificación de miembros plenos o efectivos y de miembros suplentes. Estos últimos son miembros de segundo orden de la máxima instancia partidaria. Desde el punto de vista formal, tienen voz pero no voto y desde el punto de vista real su clasificación de suplente significa, claramente, que no están al mismo nivel de los miembros plenos o efectivos. En este grupo se encuentra una gran cantidad de figuras que "decoran" el Comité y permiten presentar estadísticas populares acerca de la participación, en el máximo nivel partidario, de obreros, campesinos, mujeres y negros, categorías que no abundan mucho entre los miembros efectivos. De todas formas, su inclusión en el gran conjunto del Comité Central significa una distinción que justifica incluirlos en este análisis y, aunque, salvo excepciones, motivadas por promociones posteriores a la integración del Comité Central, no integran el mismo figuras de la verdadera élite, sí se encuentran algunos casos de interés, ya sea por su posición actual o por su perspectiva.

Para determinar cuáles son los miembros del Comité Central que realmente cuentan con poder y cuál es la importancia del mismo, es necesario analizar, en cada caso, su posición, vigencia y alcance de la misma, así como su vinculación con los aspectos fundamentales de la estructura de la sociedad cubana. Para ello, resulta conveniente realizar un proceso de eliminaciones sucesivas, partiendo de los miembros menos influyentes para, al final, llegar a la selección del grupo élite. Como primer paso, se identificarán a los que integran el Comité Central, sin tener ninguna función de verdadera relevancia dentro de la sociedad.

Los Miembros Formales del Comité Central

De los 214 miembros del Comité Central, 46 integran el mismo, con el claro objetivo de ser muestras representativas de sectores de la sociedad cubana, y carecen de autoridad y poder real. Estos son:

- Rodrigo Alvarez Cambra — Director, Hospital Frank País
- Martha Bosch Díaz — Ingeniera Civil
- Francisco Caballero Casanova — Jefe de Cirugía, Hospital Salvador Allende
- Marcia Cobas Ruiz — Funcionaria de la Unión de Jóvenes Comunistas
- Xiomara Contreras Piedra — Coronel del Ministerio del Interior
- Magda Cortina Licea — Médico, Hospital de Camagüey
- Elcira Fernández Torres — Secretaria del Partido, Hospital Hermanos Amejeiras
- Orlando Freyre Rivero — Obrero, Fábrica de Fertilizantes
- Nidián Frómeta Matos — Presidenta, Cooperativa Agrícola
- María García Alvarez — Secretaria del Partido, Universidad de Santiago de Cuba
- Mirtha García Llorca — Oficial de las Fuerzas Armadas
- Yadira García Vera — Vicepresidenta, Unión de Pioneros
- Raúl Gómez Cabrera — Director, Hospital Hermanos Amejeiras
- Olga Gómez Cortés — Funcionaria Provincial del Partido
- Velia González Abreu — Ingeniera Hidráulica
- Irán González Pérez — Funcionario Provincial del Partido
- Addegunde González Rivas — Profesor
- José González Torres — Director, Centro Genético
- Carmen Gutiérrez Cepero — Sub-Directora, Refinería de Petróleo
- Arnaldo Jerez Santiesteban — Médico, Hospital de Las Tunas
- Reinaldo Larduet Despaigne — Obrero
- Manuel Limonta Vidal — Director, Centro de Investigaciones
- Manuel López López — Presidente, Cooperativa Agrícola
- Rogelio López Sotolongo — Secretario del Partido, Antillana de Acero
- José Loyola Fernández — Profesor de Música
- Mercedes Llano Montané — Profesora de Medicina
- Tania Manzanares Ayala — Secretaria del Partido, Universidad de La Habana
- Jorge Matos Bello — Secretario del Partido, Fábrica de Implementos Agrícolas
- Ermelinda Morales López — Ingeniera Agrónoma
- Margarita Navarrete Navarro — Médico Veterinario
- Tomás Oviedo Hormaza — Director de Empresa
- Fidel Parra Santoya — Obrero
- Natividad Pedroso Kirkwood — Estomatóloga
- Vicente Pineda Vasallo — Secretario del Partido, Misión Civil en Angola
- María C. Reyes Fernández — Médico de un Policlínico
- Gladys Robinson Agramonte — Jefe Departamento Técnico, Fábrica de Níquel
- Mirtha Rodríguez Alonso — Funcionaria Provincial del Partido
- Adolfo Rodríguez Nodal — Director, Centro de Investigaciones

- Jaime Smith Pridde — Obrero
- Arnaldo Socarrás Miranda — Secretario del Partido, Termoeléctrica del Mariel
- Eduardo Sánchez Alberro — Oficial del Ministerio del Interior
- Arnaldo Tamayo Méndez — Presidente, Sociedad Patriótica Militar
- Julio Trujillo Agüero — Director, Empresa Constructora
- Osvaldo Umpierrez Suárez — Funcionario Provincial del Partido
- Margarita Véliz Ríos — Mayor de las Fuerzas Armadas
- Manuel Vila Cruz — Director, Instituto Politécnico

Los cargos hablan por sí solos. Este 22 por ciento del Comité Central pertenece a esta institución para representar a los profesionales, militares, mujeres, negros, obreros y campesinos que, en una proporción mucho mayor, componen la población cubana. Su papel dentro del mismo se limita a eso, a representar y si bien esto les mejora su "status" personal y les concede algunos privilegios adicionales, no por ello obtienen una influencia real. Resulta común que una buena parte de estos miembros formales del Comité Central no permanezcan en el mismo durante más de un período (cinco años) y al concluir este, son reemplazados por otros militantes de características similares.

Un segundo y claro grupo de miembros actuales del Comité Central que puede ser excluido de la selección de poderosos es el de aquellos que han sido destituidos de sus cargos, después de haber sido elegidos para integrar el Comité Central y, debido a ello, han perdido la influencia con que contaban y que motivó su inclusión en el grupo élite del Partido.

Los que han perdido su poder

Entre los 168 miembros restantes se encuentran 13 que han sido separados de sus cargos por supuestas deficiencias. Sus nombres son:

PEDRO FERNÁNDEZ DÍAZ: Ex-Secretario General del Sindicato de la Construcción. Fue una de las primeras víctimas del proceso de Rectificación de Fidel Castro.

OSCAR FERNÁNDEZ MELL: Era Alcalde de Ciudad de La Habana cuando integró el Comité Central. Después fue sustituido de ese cargo debido a la crítica situación de esa ciudad. Fue nombrado embajador en Inglaterra de donde fue expulsado por el gobierno británico.

JOSÉ A. LÓPEZ MORENO: Ex-Presidente de la Junta Central de Planificación. Separado de su cargo sin explicaciones.

RENÉ PEÑALVER VALDÉS: Viejo dirigente sindical que ocupaba la posición de Segundo Secretario de la Central de Trabajadores. Fue barrido en la limpieza de dirigentes del proceso de Rectificación.

JOSÉ RAMÍREZ CRUZ: El histórico presidente de la Asociación Nacional de Agricultores Pequeños. Separado de su cargo, en parte por su avanzada edad y frágil salud y en parte por el hecho de que el movimiento cooperativista campesino no avanzaba como deseaba el comandante en Jefe.

ROBERTO VEIGA MENÉNDEZ: Ex-Secretario General de la Central de Trabajadores de Cuba. Sustituido al crearse la Comisión Preparatoria del próximo Congreso de esa organización.

LUIS BARREIRO CARAMÉS: Ex-Viceministro del Ministerio del Interior y ex-jefe de la Inteligencia. Sustituido durante el escándalo del narcotráfico en julio de 1989.

FABIÁN ESCALANTE FONT: Ex-Jefe de la Dirección Política del Ministerio del Interior. Sustituido como resultado del escándalo del narcotráfico en julio de 1989.

JORGE MENDOZA REBOREDO: Separado de su influyente posición de Director del periódico Granma, órgano oficial del Partido y nombrado Director del Instituto de Historia del Comité Central.

EMILIO ARAGONÉS NAVARRO: Sus cargos al frente del Banco Financiero Internacional y de la corporación Cimex, estaban concebidos para que, a través de él, se concentraran las operaciones comerciales y financieras clandestinas que realiza el Estado cubano. Por ello, lógicamente, fue separado de su cargo en el marco del escándalo del narcotráfico.

JOSÉ PIMIENTA VELOZ: Era el Presidente del Poder Popular en Pinar del Río y no fue ratificado para el cargo en la última renovación de dirigentes de esas organizaciones territoriales.

RAFAEL VALDÉS VALDÉS: Fue separado de su cargo en 1987 por deficiencias en los planes agrícolas de la provincia que dirigía políticamente, Ciego de Avila. Nunca fue un dirigente de primer nivel.

MIGUEL CANO BLANCO: En una época, el más prometedor de los nuevos dirigentes, llegó a figurar en el Buró Político de 1980 a 1986. Por su carisma y dinamismo se llegó a pensar que podía escalar a las primeras posiciones del país. El no haber sido ratificado, en 1986, en el Buró Político, fue una clara indicación de que había perdido el favor de los hermanos Castro. Finalmente fue destituido de su cargo de Primer Secretario del Partido en Holguín por supuestas deficiencias en su trabajo.

Dentro de este grupo, no parece haber candidatos a regresar a posiciones cimeras en el Partido. Es casi seguro que ninguno de ellos vuelva a integrar el Comité Central en el próximo Congreso.

Los Históricos Formales

Ahora corresponde incluir en este análisis a los que integraron el Comité Central solamente por el hecho de contar con un historial revolucionario destacado, sin que ocuparan ninguna posición importante o, aún teniéndola, la desempeñan sólo formalmente.

Con la lista reducida a 155 nombres, los históricos formales la rebajan en 9 adicionales:

- Juan Almeida Bosque   Jefe de la Comisión de Revisión y Control del Comité Central y Miembro del Buró Político

- Sixto Batista Santana	Jefe del Departamento Militar del Comité Central y Miembro del Secretariado
- Guillermo García Frías	Presidente de la Comisión de Flora y Fauna
- Fabio Grobart	Sin ubicación
- Melba Hernández del Rey	Presidenta del Instituto de Asia, Africa y Oceanía del Comité Central
- Asela de los Santos Tamayo	Viceministra de Educación
- Ramiro Valdés Menéndez	Director de Empresa de Electrónica
- Raúl Valdés Vivó	Rector de la Escuela Superior del Partido
- Sergio del Valle Jiménez	Sin ubicación

Sorprenderá en esta lista la inclusión de un Miembro del Buró Político y otro del Secretariado en activo. Son los casos de Juan Almeida y Sixto Batista. Pero la realidad es que ninguno de los dos ejerce, en la actualidad, más poder que el otorgado por sentimentalismo debido a su largo historial:

JUAN ALMEIDA BOSQUE: A pesar de sus importantes cargos, Almeida, en estos momentos, por razones de salud y quizás de carácter también, está más dedicado a tareas protocolares que ejecutivas. El control real del Departamento que dirige está a cargo de su segundo, Omar Iser Mojena, y Almeida ya no realiza una activa labor dentro del mismo. La razón por la cual permanece en el Buró Político hay que buscarla en que es uno de los dirigentes que cuenta con más simpatías en el pueblo y resulta conveniente mantenerlo en esa alta instancia, así como que representa el único dirigente histórico de la raza negra de la revolución.

SIXTO BATISTA SANTANA: La dirección y el control político de las Fuerzas Armadas en Cuba no se realizan en otro lugar que no sea dentro de las mismas Fuerzas Armadas. Por ello, el Departamento Militar del Comité Central nunca ha sido más que un mero formalismo, copiado de la estructura soviética. El movimiento que sacó a Batista Santana de su cargo de Viceministro de las Fuerzas Armadas, así como de Miembro Suplente del Buró Político, para convertirlo en Jefe del Departamento Militar del Comité Central y, para cubrir la forma, miembro del Secretariado, fue una clara maniobra de Raúl Castro para quitarse elegantemente de encima a un hombre que ya no le era útil.

Los cargos del resto de los "históricos" de esta lista, revelan que su permanencia en el Comité Central se debe no a su función activa, sino a su largo historial. Entre ellos destacan tres, que integraron el Buró Político hasta el último Congreso del Partido en 1986: Guillermo García, Sergio del Valle y Ramiro Valdés.

GUILLERMO GARCÍA: A pesar de haber desempeñado habitualmente importantes cargos en el Ejército, el Partido y la Administración, Guillermo García ha sido conocido siempre por su falta de capacidad y de todas sus posiciones ha sido sustituido por pésimos resultados, aunque siempre tratado con extrema benevolencia. Si se había mantenido en los primeros niveles era estrictamente por el simbolismo que representa al haber sido el primer campesino que se integró a la lucha con Fidel Castro en la Sierra Maestra.

RAMIRO VALDÉS: El, hasta 1985, poderoso Ministro del Interior es el caso más cuestionable de este grupo. Su sustitución como Ministro del Interior y su posterior exclusión del Buró Político, dicen claramente que Ramiro ya no es una figura de primera línea. Sin embargo, su absoluta fidelidad hacia Fidel Castro y su disposición a realizar, cualquier tarea que el máximo líder le asigne, lo hacen un personaje ideal para actividades represivas en momentos difíciles y no cabe duda de que él cuenta con una amplia experiencia en ese campo. De requerirse un endurecimiento en las operaciones de Seguridad Interna, no será improbable que Ramiro Valdés sea llamado de nuevo a la primera línea.

SERGIO DEL VALLE: Se confinó voluntariamente a un total retiro cuando fue destituido como Ministro de Salud Pública y no fue reelecto como miembro del Buró Político.

Estos tres personajes probablemente mantengan su condición de miembros representativos del Comité Central, aunque con un carácter totalmente formal.

Los que ostentan poderes muy parciales

Con estas exclusiones, quedan 146 miembros del Comité Central que, claramente, ocupan cargos de importancia en la estructura actual de poder en Cuba. Sin embargo, analizando detalladamente sus funciones se encuentra que, 111 de ellos, desempeñan tareas cuyo alcance está limitado a un área geográfica determinada o a una actividad muy definida y específica. A diferencia de los grupos eliminados hasta ahora, en éste sí se encuentran personajes que ocupan posiciones importantes y por ello comparten, en alguna medida, el poder dentro de la sociedad cubana. Lo que sucede, es que la restricción geográfica o de especialidad en que se enmarcan sus esferas de influencia restringe su autoridad y no les permite ser elementos realmente centrales en la dirección general del país. Para su mejor comprensión, este grupo se dividirá en dos. El de los que ven limitado su poder a un área geográfica y el de los que sólo tienen real influencia en una actividad muy específica.

Los que sólo influyen en un área geográfica

Este grupo lo integran 49 miembros del Comité Central, entre los que se encuentran:

- 27 dirigentes del Partido
- 6 dirigentes de la Unión de Jóvenes Comunistas
- 6 dirigentes de organizaciones de masas
- 5 dirigentes administrativos
- 5 embajadores

Los Dirigentes Políticos Regionales

Primeros Secretarios Provinciales

Armando Manresa González	Isla de la Juventud
Fidel Ramos Perera	Pinar del Río
Jorge Lezcano Pérez	Ciudad Habana
Victorino Lemus Rivero	La Habana
Luis Alvarez de la Nuez	Matanzas
Tomás Cárdenas García	Las Villas
Humberto Miguel Fernández	Cienfuegos
Jorge Valdés Rodríguez	Sancti Spíritus
Alfredo Hondal González	Ciego de Avila
Lázaro Vázquez García	Camagüey
Alfredo Jordán Morales	Las Tunas
Francisco García Ferrer	Holguín
Damián Alfonso González	Granma
Esteban Lazo Hernández	Santiago de Cuba
Raúl Michel Vargas	Guantánamo

Segundos Secretarios Provinciales

Luis Rodríguez Hernández	Camagüey
Santos Godoy Hernández	Santiago de Cuba
Silvano Linares Viltres	Guantánamo
Miguel Rodríguez Díaz	Isla de la Juventud
José Verdecia Ramírez	Granma
Luis González Acosta	Sancti Spíritus

Secretarios Municipales

Omar Dinza Despaigne	Placetas
Evidio Gómez González	Santiago de Cuba
José Ruiz Campos	Camagüey
Manuel Sarmiento Sotelo	Moa
María Suárez Campos	Bejucal
Mario León Míguez	Granma

Como se observa en esta lista, todos los primeros Secretarios del Partido de las provincias están representados en el Comité Central. Esto es una norma que busca darle el adecuado nivel político a los jefes territoriales. En este grupo se encuentran un miembro pleno y tres miembros suplentes del Buró Político, la máxima instancia de dirección del Partido. Sin embargo, como ya se dijo, esto no quiere decir necesariamente que estos hombres sean figuras de primera línea. Veamos los casos:

ESTEBAN LAZO HERNÁNDEZ: Su sorpresiva inclusión en el Buró Político (en el congreso anterior sólo había sido considerado miembro suplente del Comité Central) está directamente relacionada con su raza negra. La dirección del Partido está preocupada por la poca participación de ciudadanos negros en los altos cargos de dirección del país y Lazo resultó beneficiado con ello. La ventaja que le concede su raza puede seguirle proporcionando sorprendentes promociones.

LUIS ALVAREZ DE LA NUEZ, RAUL MICHEL VARGAS Y LÁZARO VÁZQUEZ GARCÍA: Este grupo de Secretarios provinciales del Partido, incluidos como suplentes del Buró Político en el último Congreso, rellenan las posiciones que les dan representatividad a las fuerzas territoriales. Al igual que Miguel Cano Blanco, que en 1980 fue elegido suplente del Buró Político y en 1986 no sólo no fue promovido, sino que resultó eliminado, estos nuevos suplentes pueden correr una suerte similar en el próximo congreso y ser reemplazados por representantes de otras provincias. También es posible que de este grupo salga alguna nueva promoción importante, especialmente hacia el Secretariado y para ello el candidato más fuerte es Lázaro Vázquez, el actual Secretario del Partido en Camagüey.

Además se incluyen a seis segundos secretarios provinciales y a seis secretarios municipales del Partido, con lo cual la estructura política territorial tiene una sólida banca en la máxima instancia partidaria aunque resulta significativo que sólo tres de este último grupo sean miembros efectivos. Los diez restantes son suplentes.

Los Dirigentes Regionales de la Unión de Jóvenes Comunistas

- Raúl Castellanos Lage   Matanzas
- Eugenio Cuevas Ibáñez   Santiago de Cuba
- Elda García García   Villa Clara
- Oscar García Cabrera   Ciudad de La Habana
- Juan Robinson Agramonte   La Habana
- Milagros Soto Agüero   Guantánamo

Hay siete dirigentes juveniles provinciales y ninguno ha alcanzado la distinción de miembro pleno. Sólo el primer secretario de la Unión de Jóvenes Comunistas a nivel nacional ha sido incluido como miembro pleno, lo cual evidencia la poca jerarquía de esa organización y la poca participación real de los jóvenes en las decisiones fundamentales de la sociedad cubana.

Los Dirigentes Regionales de Organizaciones de Masas

- José Gell Noa   Coordinador, Comités de Defensa en Ciudad de La Habana
- Angel Mena Kindelán   Secretario General, Central de Trabajadores en Guantánamo
- Juana Leyva Torres   Secretaria General, Federación de Mujeres en Ciudad Habana
- Nieves Alemañy Aguilera   Secretaria General, Federación de Mujeres en Guantánamo
- Ana Expósito Rodríguez   Secretaria General, Federación de Mujeres en Camagüey
- Coralia Mazar Antúnez   Secretaria General, Federación de Mujeres en Santiago de Cuba

De las organizaciones de masas territoriales, la más afortunada fue la Federación de Mujeres Cubanas con cuatro representantes, claramente motivado por la imperiosa necesidad de incrementar la débil representación femenina en el Comité Central. La Central Sindical sólo ubicó a uno de sus dirigentes territoriales, al igual que los poderosos Comités de Defensa de la Revolución. A los dirigentes campesinos no les fue otorgada ninguna plaza, ni de efectivo ni de suplente.

Los Dirigentes Administrativos Territoriales

- Pedro Chávez González — Presidente, Poder Popular de Ciudad Habana
- Eduardo Fernández Boada — Presidente, Poder Popular Santiago de Cuba
- Augusto Fajardo Pi — Presidente, Poder Popular de Holguín
- José Ramón García Gil — Presidente, Poder Popular de Cienfuegos
- Pastor Castell-Florit — Director, Salud Pública de La Habana

Los órganos territoriales de gobierno, los Poderes Populares, tienen a cuatro representantes en el Comité Central y sólo dos de ellos, los de Ciudad de La Habana y Santiago de Cuba, las dos provincias más importantes, figuran como miembros plenos. La administración cuenta con un sólo delegado territorial como miembro suplente del Comité Central y ello, lógicamente, de la actividad preferida por el Primer Secretario, la Salud Pública.

Por supuesto, que el hecho de que se desempeñe una función dentro de un marco totalmente regional, no quiere decir que la misma no sea importante. El caso más significativo es el de los secretarios provinciales del Partido que constituyen el eslabón básico del principio territorial de dirección que ejerce el Partido. Pero ellos no son trazadores de políticas, ni siquiera regionales, sino fieles veladores por el cumplimiento de las directivas generales del aparato central del Partido en el área geográfica de su competencia. Dentro de su territorio, ellos encarnan la máxima instancia de autoridad, pero siempre cuidándose mucho de no apartarse en lo más mínimo de lo que les ha sido orientado. Un aspecto interesante sobre los Secretarios Provinciales del Partido, es que esta posición suele ser un buen puente para ascensos a posiciones superiores, como lo evidencian los casos de José Ramón Machado Ventura, Julián Rizo Alvarez y Jaime Crombet Hernández, antiguos dirigentes políticos territoriales y que hoy integran el primer nivel de dirección del Partido.

Los Embajadores

- Julio Camacho Aguilera — Embajador en la Unión Soviética
- Antonio Pérez Herrero — Embajador en Etiopía
- Rodolfo Puente Ferro — Embajador en Angola
- Faustino Beato Morejón — Embajador en Hungría
- Faure Chomón Mediavilla — Embajador en Vietnam

Referente a los Embajadores, debe señalarse que ese cargo constituye una posición de segundo orden en la estructura cubana. Las política exterior, lejos de escapar al esquema centralizado de dirección en Cuba, es uno de los aspectos más celosamente atendidos por Fidel Castro. Los embajadores se limitan a ser representantes sociales, mientras las decisiones se toman en La Habana y se envían representantes de alto nivel cuando es necesario tratar algo, aunque sólo sea medianamente importante. La principal tarea de un embajador cubano, y por la cual es fundamentalmente evaluado en La Habana, es crearle condiciones confortables y agradables a los altos funcionarios de Cuba que visitan el país. A veces, la designación en el cargo de embajador en un país extranjero esconde detrás la intención de alejar al funcionario en cuestión del escenario nacional, ya sea por deficiencias en su anterior ocupación, o por que resulta una figura incómoda o poco útil.

JULIO CAMACHO AGUILERA: El cargo de Embajador en la Unión Soviética no es una posición tan sólida como puede aparentar la representación diplomática en el país más importante para Cuba. La razón del nombramiento de Camacho en ese cargo, es la exigencia soviética de que Cuba elevara el nivel de sus embajadores en ese país. Como miembro pleno del Buró Político desde 1980, Camacho cumplía, desde el punto de vista formal, más que adecuadamente esta condición. La ausencia física del escenario nacional saca del juego central a quienquiera que sea y Camacho, desde la Unión Soviética, se ve alejado del mismo. Además, aunque es cierto que Camacho integra la máxima instancia política desde hace tiempo, sus responsabilidades concretas importantes siempre han estado asociadas a cargos territoriales y no a la definición o control de políticas nacionales.

Ni **Antonio Pérez Herrero**, ni **Rodolfo Puente Ferro**, embajadores en Etiopía y Angola respectivamente, son figuras de primer orden. Los aspectos verdaderamente importantes relacionados con las actividades militares en esos países, están totalmente fuera de su control. Pérez Herrero fue en una época figura de primerísimo orden en Cuba. Ostentó los cargos de Jefe de la Dirección Política de las Fuerzas Armadas y fue miembro del Secretariado y del Buró Político. Su desordenada vida personal y su estilo despótico de dirección, motivaron su separación de los cargos y su posterior alejamiento de la escena nacional cuando fue enviado a Etiopía.

El embajador en Hungría, **Faustino Beato**, en realidad no está en el Comité Central por ocupar ese cargo, sino por haber sido el Presidente de la Asamblea Provincial del Poder Popular en Matanzas en el momento de su elección para esta instancia. Por discrepancias con el entonces Primer Secretario del Partido en esa provincia, Esteban Lazo, fue sustituido y, como alternativa, nombrado embajador en Hungría, puesto totalmente irrelevante en Cuba.

En el caso de **Faure Chomón**, actual embajador en Vietnam, este puesto representa para él la culminación de las degradaciones a que lo ha sometido Fidel Castro desde que lo eliminó del Secretariado del Partido, en 1972.

Los que sólo influyen en áreas especializadas

Este grupo lo integran aquellos miembros del Comité Central que tienen a su cargo responsabilidades de dirección muy especializadas y cuyo poder no rebasa esos límites. El mismo lo componen 62 dirigentes con la siguiente estructura:

- 18   Dirigentes administrativos
- 4   Colaboradores directos de Fidel Castro
- 2   Miembros del Secretariado
- 7   Funcionarios de Departamentos del Comité Central
- 10   Dirigentes Nacionales de Organizaciones de Masas
- 1   Dirigente Juvenil
- 20   Militares

De nuevo, aquí pueden existir dudas sobre la inclusión de algunos nombres, ya que, a primera vista, esta estructura parece agrupar cargos de primerísima línea. A continuación se analiza el por qué no es así.

Los Dirigentes Administrativos

-	Armando Hart Dávalos	Ministro de Cultura
-	Héctor Rodríguez Llompart	Presidente del Banco Nacional
-	Sonia Rodríguez Cardona	Ministra del Comité de Abastecimientos
-	Isidoro Malmierca Peoli	Ministro de Relaciones Exteriores
-	Ricardo Alarcón Quesada	Viceministro de Relaciones Exteriores
-	Fernando Vecino Alegret	Ministro de Educación Superior
-	Marcos Portal León	Ministro de Industria Básica
-	Juan Escalona Reguera	Ministro de Justicia
-	Julio Teja Pérez	Ministro de Salud Pública
-	Homero Crabb Valdés	Ministro de la Construcción
-	Rosa E. Simeón Negrín	Presidenta de la Academia de Ciencias
-	Joaquín Benavides Rodríguez	Presidente, Comisión Sistemas de Dirección
-	Ismael González González	Presidente, Instituto de Radio y Televisión
-	Alejandro Roca Iglesias	Ministro de la Industria Alimenticia
-	Francisco Linares Calvo	Presidente del Comité Estatal del Trabajo
-	Dora Cosme Díaz	Viceministra de la Industria Ligera
-	Faustino Pérez Hernández	Jefe Departamento, Comité Ejecutivo
-	René Rodríguez Cruz	Presidente, Instituto Amistad con los Pueblos

Dentro de este grupo se encuentran un miembro del Buró Político y 13 Ministros o Jefes de Organismos Centrales. Esa relación de cargos puede parecer impresionante y suficiente para considerar a sus integrantes como hombres clave en Cuba. Sin embargo, por diferentes causas que van desde características personales, organización de las líneas de mando, así como preferencias del máximo líder cubano, estos funcionarios no clasifican dentro del primer nivel de la élite del poder.

ARMANDO HART DÁVALOS: Ha sido miembro del Buró Político desde la creación del Partido Comunista Cubano y actualmente es Ministro de Cultura. Sin embargo, Hart ha venido sufriendo una regresión, tanto personal como de su "status" de poder. Físicamente padece de serias dolencias óseas, su divorcio de Haydée Santamaría no le favoreció en sus relaciones y algunos le inculpan de su trágico suicidio. Su trabajo profesional en el Partido fue evaluado como caótico y finalmente su ubicación como Ministro de Cultura dista mucho de ser una posición importante ya que la cultura no está precisamente dentro de las prioridades del máximo líder. A pesar de sus cargos nominales y de su historial, Armando Hart ya no es una figura cimera dentro de la "nomenclatura" cubana.

HÉCTOR RODRÍGUEZ LLOMPART: Ocupa actualmente la posición de Ministro-Presidente del Banco Nacional de Cuba. En la estructura cubana, sin embargo, este importantísimo cargo no va más allá de ser un eterno viajero en busca de la concesión de algún préstamo, así como de tratar de apaciguar a los acreedores. Rodríguez Llompart carece totalmente de autoridad para definir políticas financieras, no ya sólo externas, sino tampoco internas. Carlos Rafael Rodríguez es el dirigente que le ha facilitado sus promociones en el aparato administrativo.

SONIA RODRÍGUEZ CARDONA: Ministra-Presidenta del Comité Estatal de Abastecimiento Técnico Material. Este poderoso Ministerio se ocupa de la distribución y comercialización de una gran parte de los recursos que demanda la esfera productiva en Cuba. La principal razón de ser de este aparato es la voluntad de Fidel Castro, que ve en el mismo la posibilidad de concentrar totalmente los recursos en una sola administración, lo cual encaja perfectamente en su estilo de dirección. La labor de Sonia Rodríguez se limita a tratar de tenerle las cuentas claras al Comandante en Jefe sobre los recursos de que puede disponer cuando él decide hacer en la economía algo distinto a lo planificado, lo cual es bastante frecuente.

ISIDORO MALMIERCA PEOLI: Ministro de Relaciones Exteriores, lo cual equivale en Cuba al recadero oficial internacional. Malmierca es un viejo comunista que confrontó sus problemas durante la época conocida como la microfracción en la que Fidel Castro aniquiló a los viejos comunistas que pusieron en duda su liderazgo. Después tuvo un proceso de recuperación que lo llevó a integrar el Secretariado del Comité Central. No fue ratificado para el mismo en el último congreso y sus funciones como Ministro de Relaciones Exteriores se ven limitadas por la centralización de Fidel Castro y la autoridad en este campo de Carlos Rafael Rodríguez y Jorge Risquet.

RICARDO ALARCÓN QUESADA: Desde su larga permanencia como representante permanente de Cuba en las Naciones Unidas, Alarcón es considerado como un hombre capaz y con perspectivas en la estructura cubana. Por ello sorprendió que se le mantuviera, por segundo período consecutivo, como miembro suplente del Comité Central y no se le promoviera a miembro pleno. Alarcón actúa con cierta independencia del Ministro y cumple misiones bajo las órdenes directas de Fidel Castro.

FERNANDO VECINO ALEGRET: La política de formación superior en Cuba está totalmente subordinada a las fluctuantes directivas de Fidel Castro. Si éste se entusiasma con la biología, el Ministerio de Educación Superior debe resolver todos los impedimentos y urgentemente ampliar la matrícula de Ciencias Biológicas. Si la prioridad del Primer Ministro se traslada hacia las construcciones de presas, el Ministro debe, diligentemente, interpretar el nuevo rumbo e incrementar los estudiantes de Ingeniería Hidráulica. En síntesis, el Ministro de Educación Superior en Cuba responde, en primerísima instancia, a las orientaciones de Fidel Castro y, administrativamente, está también férreamente controlado por José Ramón Fernández, el Vicepresidente para la esfera de la Educación.

Marcos Portal León: El joven Ministro de la Industria Básica es un brillante y entusiasta ingeniero que clasifica como uno de las pocas nuevas promociones del proceso revolucionario. No obstante, su actividad es muy específica y carece aún de un historial sólido que le permita ser considerado en el primer nivel de la élite dirigente en Cuba.

Juan Escalona Reguera: Después de años condenado al ostracismo en oscuros cargos provinciales, Raúl Castro le dio oportunidades en el Ejército y finalmente fue promovido a Ministro de Justicia, aunque su profesión era la medicina. El sistema judicial cubano carece de independencia y su función es adaptar y hacer funcionar la legislación de acuerdo con los intereses del Partido".

Julio Teja Pérez: El verdadero Ministro de Salud Pública en Cuba es Fidel Castro quien dirige pormenorizadamente esta actividad. Por ello resultaba incómodo tener en esa posición a un miembro del Buró Político como Sergio del Valle, el anterior Ministro. Teja es un elemento sin mucha jerarquía, para quien no tiene por qué resultar embarazoso que el Primer Ministro esté constantemente tomando decisiones sobre su actividad sin consultarle, ni informarle.

Homero Crabb Valdés: Es el último Ministro de la caótica actividad de la construcción en Cuba. Conoce bien la actividad, pues durante muchos años fue el Director de Construcciones de la provincia de Cienfuegos. Sin embargo, este puesto es altamente peligroso ya que Castro, para evitar un mayor nivel de desempleo, incrementa artificialmente la actividad constructiva comenzando constantemente nuevas obras para las cuales no alcanzan los recursos para su terminación. Ello provoca crisis cíclicas en este sector, de las cuales siempre aparece como culpable el Ministro de turno. Por el gran peso de este Ministerio en la economía cubana, es normal que su Ministro integre el Comité Central.

Rosa Elena Simeón Negrín: Su vinculación profesional con las investigaciones genéticas le facilitó una estrecha relación de trabajo con Fidel Castro y ello le permitió ser nominada como Presidenta de la Academia de Ciencias. Su condición de mujer le dio acceso a ser miembro suplente del Buró Político, con el objetivo de darle representatividad a su sexo en las altas esferas.

Joaquín Benavides Rodríguez: Es presidente de una comisión ministerial llamada "Comisión para la implantación y perfeccionamiento del Sistema de Dirección y Planificación de la Economía". Esta comisión se creó cuando Humberto Pérez el promotor de algunas transformaciones económicas en Cuba, a mediados de los 70 y principios de los 80, fue directamente sustituido por Fidel Castro, acusado de tecnócrata. Su papel es totalmente artificial, al ser la máxima autoridad en la implantación de mecanismos económicos en un país donde no se respetan esos principios. Ello lo hace una figura de limitada relevancia entre la dirigencia en Cuba.

Ismael González González: La total subordinación de los medios de difusión en Cuba a los criterios y directivas del Partido hacen del Instituto Cubano de Radio y Televisión un mero instrumento cuya función es administrar los recursos técnicos y humanos que hagan posible la trasmisión de la programación que decide el Departamento de Orientación Revolucionaria del Partido. Ello explica la ubicación al frente de este organismo de un cuadro inexperto y poco conocido.

ALEJANDRO ROCA IGLESIAS: Es un experimentado dirigente administrativo que ha sido auspiciado por José Naranjo Morales, antiguo Ministro de la Alimentación y ayudante personal de Fidel Castro. Es miembro suplente del Comité Central.

FAUSTINO PÉREZ HERNÁNDEZ: El cargo de Jefe del Departamento de Atención a los Poderes Populares, subordinado al Comité Ejecutivo del Consejo de Ministros, es una intrascendente posición que refleja claramente la intención de no brindarle a Faustino Pérez, uno de los hombres con mayor prestigio revolucionario en la lucha contra Batista, ninguna oportunidad de acceso a posiciones cimeras. Esta oficina, languidece tratando de resolver y coordinando con los Ministerios Nacionales pequeños problemas administrativos que plantean los gobiernos provinciales.

RENÉ RODRÍGUEZ CRUZ: El Instituto Cubano de Amistad con los Pueblos, dirigido por Rodríguez Cruz, ha sido uno de los principales vehículos utilizado por el gobierno cubano para fomentar y canalizar sus relaciones con agrupaciones de extrema izquierda y operaciones ilegales a través de todo el mundo. En la medida en que el verdadero objetivo de este organismo fue dominado públicamente, su labor se ha hecho menos efectiva y su importancia ha decrecido. Las imputaciones hechas a Rodríguez Cruz respecto a su vinculación con el narcotráfico y las terríficas escenas que lo identifican como responsable directo de ejecuciones a prisioneros políticos, lo han hecho inelegible para tareas de primer orden, al menos públicas.

Los Colaboradores Directos de Fidel Castro
(El Equipo de Coordinación y Apoyo)

- Carlos Lage Dávila
- Angel R. Moreno Bofill
- Argelia Balboa Monzón
- Elida Valle Fernández

El equipo de Coordinación y Apoyo tiene como objetivo controlar el cumplimiento de las directivas que más le interesan a Fidel Castro y exigir por la estricta observancia de las prioridades definidas por éste. Como tal y en las tareas específicas que les son asignadas, los miembros del Equipo se sitúan por encima de todos los mecanismos y jerarquías establecidos ya que actúan a nombre directo de la máxima autoridad del país.

Los aspectos de que se ocupan son tan variados y cambiantes como las prioridades e intereses de Castro y pueden ir desde la ampliación de un hospital hasta el control del desarrollo integral de la microbiología en Cuba. Sus miembros son temidos y respetados porque informan sistemáticamente al Primer Ministro de cómo cumplen sus orientaciones las distintas instituciones y funcionarios del país. Sus integrantes, sin embargo, no definen políticas ni tienen autoridad independiente más que para controlar e informar sobre las tareas específicas que se les asignen. Debido a sus estrechos contactos con el Primer Ministro y a las relaciones que de ello se derivan, se ha hecho casi una práctica, que los miembros del equipo, sean candidatos de primer orden para importantes promociones cuando se producen vacantes en la administración o el partido. Esos fueron los casos de

Marcos Portal, Francisco Linares y Sonia Rodríguez que han sido promovidos a Ministros después haber integrado el Equipo.

Los Miembros del Secretariado

- Lionel Soto Prieto
- José Ramón Balaguer Cabrera

LIONEL SOTO PRIETO: Es el responsable de los asuntos económicos en el Partido, ocupando por ello un escaño en el Secretariado. La contrapartida de Lionel en la esfera administrativa es Osmany Cienfuegos, que es el Vicepresidente del Gobierno a cargo también de los asuntos económicos. La fuerte posición de éste en el Gobierno, controlando sistemáticamente la marcha de la actividad económica, opaca la posible influencia política de Soto en este campo y lo limita al papel de un asesor de alto nivel que "sugiere" algunas medidas y se mantiene, en la práctica, en un segundo plano.

JOSÉ RAMÓN BALAGUER CABRERA: Su importante puesto en el Secretariado a cargo de la Educación, la Ciencia y la Cultura está limitado, por una parte, por la absoluta confianza de Fidel Castro con que cuenta, en la Educación y la Ciencia, José Ramón Fernández, el Vicepresidente de Gobierno para esas actividades. En lo referente a la Cultura, además de no ser una actividad realmente priorizada por el máximo jefe, se encuentra atendida desde el Gobierno por Armando Hart, que si bien ha perdido influencia y relevancia en la estructura cubana, como miembro del Buró Político ostenta un nivel político superior al de Balaguer. Todo esto hace de Balaguer una figura importante, con un alto puesto, pero no la máxima autoridad de las actividades que atiende desde el Partido.

Los Funcionarios de Departamentos del Comité Central

- José Acosta Santana — Económico
- Julián Alvarez Blanco — Salud Pública
- Abelardo Alvarez Gil — Organización
- Bárbara Castillo Cuesta — Administración y Servicios
- José F. Carneado Rodríguez — Asuntos Religiosos
- Sergio Corrieri Hernández — Cultura
- Julián López Díaz — América

Como ya se explicó anteriormente, el equipo de trabajo central del Partido Comunista Cubano está integrado por los Departamentos del Comité Central, los que se subordinan directamente al Secretariado. Los jefes de estas instancias, por lo tanto, son elementos importantes dentro del esquema de dirección y control del Partido. Pero, al igual que los dirigentes administrativos, no todos los Jefes de Departamentos del Comité, por diversas razones, acumulan igual poder. Los casos de este grupo son:

JOSÉ ACOSTA SANTANA: La razón que motivó la inclusión de Acosta en el Comité Central fue su previo nombramiento como Jefe del Departamento Económico del Comité Central. Acosta llega a este cargo por la recomendación directa de su protector, Raúl Castro, a pesar de carecer de historial y prestigio para ello y, más aún, a pesar de haber sido uno de los miembros del equipo de Humberto Pérez, radicalmente purgado por Fidel Castro por haber tratado de introducir reformas económicas en el rígido sistema cubano. El dogmatismo implícito en el proceso de Rectificación de Errores, directamente auspiciado por Fidel Castro, deja poco margen para la definición de políticas económicas y mucho menos para alguien como Acosta que es un advenedizo en los altos niveles.

Julián Alvarez Blanco: Su función básica está en controlar el nivel político de los trabajadores de Salud Pública ya que las tareas administrativas y de desarrollo de esta actividad están totalmente a cargo de Fidel Castro. Es miembro suplente del Comité Central.

Abelardo Alvarez Gil: Dirige el Departamento de Organización en el Comité Central, el cual atiende los aspectos de la estructura de trabajo del Partido.

Bárbara Castillo Cuesta: Dirige el Departamento de Administración y Servicios del Comité Central que, como su nombre indica, se ocupa de las cuestiones administrativas del voluminoso aparato partidario. Es miembro suplente del Comité Central.

José Felipe Carneado Rodríguez: Atiende las relaciones con las iglesias en Cuba y, en ese campo, es una verdadera autoridad con una estrecha relación con Fidel Castro. Su poder está estrictamente limitado a esa esfera. Sin embargo, su avanzada edad y delicado estado de salud, hacen prever el inminente retiro de este viejo dirigente comunista.

Sergio Corrieri Hernández: Su condición de actor popular y de calidad, lo llevaron primero al Comité Central y, después, a ser el representante, en el aparato político, del sector cultural en Cuba.

Los Dirigentes de Organizaciones de Masas

Central de Trabajadores

- Joaquín Bernal Camero — Miembro de la Comisión Organizadora del Congreso Obrero
- José Linares Valdés — Secretario General, Sindicato de la Alimentación
- Alfredo Morales Cartaya — Secretario General, Sindicato de laEducación
- Adolfo Valdivia Domínguez — Secretario General, Sindicato de la Salud
- Rosario Fernández Perera — Miembro del Ejecutivo del Sindical Nacional
- Casimira Torres Jauma — Segunda Secretaria, Sindicato de la Industria Ligera

Federaración de Mujeres

- Dora Carcaño Araujo — Secretaria General
- Marta Y. Ferrer Gómez — Secretaria Ideológica

ASOCIACIÓN NACIONAL DE AGRICULTORES PEQUEÑOS

- Orlando Lugo Fonte   Presidente
- Pedro Roche Alvarez   Vicepresidente

Un principio básico de los Comités Centrales de los partidos de los países comunistas es que en el mismo estén representadas las organizaciones encargadas de agrupar a diferentes capas de la población. Por ello se encuentran en el mismo, dirigentes sindicales, de la Federación de Mujeres, de la Asociación de Campesinos y de las organizaciones juveniles. En el caso cubano, la subordinación de estas organizaciones al Partido es absoluta y sus dirigentes actúan como cajas de resonancia del mismo. Un ejemplo muy evidente de ello se encuentra en la organización sindical cubana, la Central de Trabajadores de Cuba, con sus respectivos sindicatos por sectores laborales. El papel del sindicato no es defender los intereses de la masa obrera, sino garantizar que ésta no se aparte de los lineamientos y directivas del partido. Por ello, sus dirigentes tienen que ser vistos y evaluados como extensiones directas del aparato del partido. Los aspectos más destacados de este grupo son:

La inclusión de **Dora Carcaño**, Secretaria General de la Federación de Mujeres, en este corte, a pesar de dirigir una organización nacional, es debido a que la primera autoridad de la Federación es su Presidenta, Vilma Espín y Dora es la segunda al mando. **María Yolanda Ferrer**, que jerárquicamente está por debajo de Dora Carcaño, ha sido designada miembro suplente del Buró Político y ello puede significar que se le está invistiendo del nivel político necesario para ubicarla al frente de esta organización en un futuro cercano. De todas formas, la Federación de Mujeres no es una organización realmente clave en la estructura política cubana.

El nombramiento de **Orlando Lugo** al frente de la Asociación Nacional de Agricultores Pequeños es demasiado reciente para predecir si está sólidamente asentado en los primeros niveles. Lugo ha sido un cuadro político que, en menos de cinco años, ha pasado de Presidente del Poder Popular de Pinar del Río, a Secretario del Partido en esa provincia, a Presidente de una organización nacional. Estas dos últimas promociones se han hecho sustituyendo a miembros del Buró Político. Si, como es de esperar, en el próximo congreso es ascendido al Buró Político, entonces sí estará dentro de los primeros niveles de la élite.

La representación sindical en los altos niveles ha sido diezmada. El jefe del Sindicato de la Construcción, el de la Agricultura y Segundo Secretario Nacional, así como su Secretario General han sido destituidos después de su elección como miembros del Comité Central. Ello es señal evidente de que el "Proceso de Rectificación" del comandante en Jefe quiere sangre fresca al frente de la organización obrera, sin vicios y hábitos del pasado que motiven que sus dirigentes, por reflejos, defiendan aún algunos derechos menores de los trabajadores. La ubicación de **Joaquín Bernal** como miembro de la Comisión Organizadora del XVI Congreso Obrero parece encaminada a darle el cargo de Segundo Secretario de la Central Sindical. Bernal fue hasta 1989, el Secretario del Partido de la provincia de Sancti Spíritus.

Los Dirigentes Juveniles

La débil representación de la nueva generación de dirigentes juveniles nacionales en el Comité Central se limita a **Roberto Robaina**, Secretario General de la Unión de Jóvenes Comunistas. Las organizaciones juveniles han ido perdiendo relevancia en la sociedad cubana y su papel se limita a canalizar, obedientemente y sin ninguna independencia o creatividad, las directivas del Partido entre la masa juvenil. El nombre de **Roberto Robaina** es prácticamente desconocido para el pueblo cubano, inclusive entre la juventud.

Los Militares

- Leopoldo Cintra Frías — General de División, Jefe militar en Angola
- Julio Casas Regueiro — General de División, Viceministro
- Rigoberto García Fernández — General de División, Viceministro
- Raúl Menéndez Tomassevich — General de División, Viceministro
- Víctor Schueg Colás — General de División, Asesor del Ministro
- Pedro Pérez Betancourt — Contralmirante, Jefe de la Marina de Guerra
- Urbelino Betancourt Cruz — General de Brigada
- Ramón Andollo Valdés — General de Brigada
- Félix Baranda Columbié — General de Brigada
- Gustavo Fleitas Ramírez — General de Brigada
- Carlos Lezcano Pérez — General de Brigada
- Néstor López Cuba — General de Brigada
- Alvaro López Miera — General de Brigada
- Gustavo Milián Rivero — General de Brigada
- Rafael Moracén Limonta — General de Brigada
- Manuel Pérez Hernández — General de Brigada
- Sergio Pérez Lezcano — General de Brigada
- Samuel Rodiles Planas — General de Brigada
- Bruno Rodríguez Curbelo — General de Brigada
- Eladio Fernández Cívico — Coronel

Los militares ocupan una posición clave en la sociedad cubana. El ejército cubano tiene como objetivo fundamental el garantizar la permanencia en el poder del equipo dirigente actual. Ello, obviamente, reviste a los militares de especial importancia. Los militares que integran el Comité Central son, sin duda, hombres a tener en cuenta cuando se analiza la estructura de poder, en especial, ante cualquier alternativa de cambio, debido al mando y al control que ostentan sobre cuantiosas tropas y armamentos. No obstante, para clarificar al máximo posible, donde se concentra realmente la élite del poder, en este grupo se incluyen a veinte altos militares que, aunque importantes, no integran, realmente, a la máxima jerarquía de las fuerzas armadas. Los casos más significativos son:

Leopoldo Cintras Frías: Uno de los generales cubanos realmente fogueados en la guerra de Angola. La destitución de Ochoa, obligó a la maquinaria propagandística a elevar sus méritos más allá de la realidad, atribuyéndole los que le correspondían al difunto general. El hecho de que se le haya presentado como la alternativa del general capaz, digno y sacrificado, en contraposición al, de repente, ineficiente, liberal y corrupto Ochoa le augura un puesto aún más destacado dentro del aparato militar cubano, pero mientras se le mantenga en Angola su poder está limitado por la lejanía geográfica de La Habana.

Julio Casas Regueiro: La sustitución de Julio Casas como Jefe de la Aviación y Defensa Antiaérea del país, para ser ubicado en un cargo administrativo dentro de las Fuerzas Armadas le ha distanciado del primer nivel de dirección, a pesar de que se le mantuvo el rango de Viceministro.

Rigoberto García Fernández: Su posición como General y Viceministro de las Fuerzas Armadas le concede un alto rango, pero, a su vez, la actividad que dirige, "El Ejército Juvenil del Trabajo" no es precisamente una de las verdaderamente importantes dentro de las Fuerzas Armadas.

Raul Menéndez Tomassevich: Desde sus épocas de combatiente en la Sierra Maestra se le conoce su aptitud para desempeñar eficientemente las tareas más crudas de la actividad militar. Adquirió notoriedad por los métodos radicales que utilizó contra las guerrillas anticomunistas del Escambray en los años 60. Participó en numerosas actividades militares internacionales y contaba con toda la confianza de los Castro, hasta que su etapa de jefe de la misión militar cubana en Angola estuvo a punto de culminar en una derrota de grandes proporciones para el ejército cubano. Por ello, aunque se le ha mantenido con el rango de Viceministro, se le ha encargado de la atención a las Milicias de Tropas Territoriales, una tarea de segundo orden dentro de las Fuerzas Armadas.

Victor Schueg Colás: Actualmente funge como asesor del Ministro de las Fuerzas Armadas, cargo que se ocupa cuando no es posible o conveniente asignarle una posición importante, pero tampoco se quiere evidenciar un descenso de nivel. El ser uno de los pocos generales negros del ejército cubano debe mantenerlo por largo tiempo en el Comité Central.

Pedro Pérez Betancourt: Aunque ocupa el cargo de Jefe de la Marina de Guerra, el Contralmirante Pérez Betancourt, miembro suplente del Comité Central, no puede incluirse en el primer nivel de dirección de las fuerzas armadas. La Marina, además de ser el cuerpo armado de menor cantidad de efectivos dentro de las Fuerzas Armadas cubanas, tiene asignada una función de control de las aguas territoriales y no de real cuerpo agresivo, externo o interno.

Urbelino Betancourt Cruces: Es el segundo jefe del Estado Mayor de las Fuerzas Armadas. Es un hombre inteligente que complementa con su capacidad, la tenacidad y férrea disciplina que distinguen a su Jefe el General Ulises Rosales.

Los que Realmente Concentran el Poder

Después de las sucesivas depuraciones realizadas, se mantiene una lista de 35 miembros del Comité Central que, inobjetablemente, combinan su nivel nominal con una influencia real en decisivas esferas de la sociedad. Pero, para llegar a definir claramente el grupo central de poder en Cuba, es posible aplicar otro criterio restrictivo a este ya reducido listado. Como ya se explicó anteriormente, el Secretariado y el Buró Político constituyen las dos instancias máximas de dirección del Partido. Si de estos 35 dirigentes, se toman sólo los que que pertenezcan al Buró o al Secretariado, (teniendo en cuenta que ya han sido eliminados los miembros de estas altas instancias que carecen de una influencia real) entonces la lista se reduciría a 16. Pero ello dejaría fuera del grupo principal de poder a algunos importantes militares que sí concentran un poder real que obliga a considerarlos como parte de la élite del poder, aún cuando no pertenezcan a las dos máximas instancias del Partido. Es cierto que estos militares no participan directamente en las decisiones fundamentales de la conducción del país, pero también es una realidad que acumulan un poder de considerable magnitud al tener bajo su mando y control directo a importantes efectivos, así como a elementos vitales del aparato militar que es, en esencia, el principal sostén del régimen. Esta consideración obliga, inclusive, a añadir el nombre de dos Generales del Ejército, Ramón Pardo Guerra y Rubén Martínez Puente que no son miembros del Comité Central. Esto puede parecer contradictorio con la afirmación categórica hecha al principio de este análisis de que ninguna persona podía clasificarse como influyente en Cuba, si no integraba el Comité Central. Lo que sucede es que estos Generales han sido promovidos a posiciones de primera línea después de integrado el Comité Central y los cargos que ahora ocupan los insertan de lleno en la élite del poder. Sin duda, ambos integrarán el Comité Central en el próximo congreso. Ello convertirá a Pardo Guerra, que había integrado los tres comités centrales anteriores en el primer caso de regreso a esta alta instancia después de haber sido eliminado de la misma.

Los que resultan entonces excluidos, en este nuevo corte, son once:

- Armando Acosta Cordero   Coordinador Nacional Comités de Defensa de la Revolución

- Manuel Piñeiro Losada   Jefe del Departamento América del Comité Central

- Severo Aguirre del Cristo   Presidente (en funciones) de la Asamblea Nacional del Poder Popular

- Omar Iser Mojena   Vicepresidente de la Comisión Nacional de Revisión y Control del Comité Central

- Joel Domenech Benítez   Vicepresidente del Comité Ejecutivo del Consejo de Ministros a cargo de la Comisión Nacional de Energía

- Antonio Esquivel Yedra   Vicepresidente del Comité Ejecutivo del Consejo de Ministros a cargo del Sector de Consumo y Ministro de la Industria Ligera

- Antonio Rodríguez Maurell   Vicepresidente del Comité Ejecutivo del Consejo de Ministros y Presidente de la Junta Central de Planificación

- Adolfo Díaz Suárez   Vicepresidente del Consejo de Ministros a cargo de los Sectores de la Agricultura y el Azúcar

- José Miyar Barruecos   Secretario del Consejo de Estado

- José Naranjo Morales   Ministro sin Cartera, Secretario Ejecutivo de Fidel Castro y Responsable del Equipo de Coordinación y Apoyo

- Jesús Montané Oropesa   Ayudante del Comandante en Jefe

El análisis de estos casos es el siguiente:

ARMANDO ACOSTA CORDERO: A pesar de estar al frente de una de las organizaciones clave en Cuba para el control y manipulación de las masas, los Comités de Defensa de la Revolución, el hecho de no haber sido ratificado como miembro suplente del Buró Político, cargo que ocupó desde 1980 a 1986, evidencia que Acosta no está sólidamente ubicado en el primer nivel de dirección en Cuba.

MANUEL PIÑEIRO LOSADA: El Departamento América del Comité Central es el centro vital de apoyo y promoción de la subversión en el continente americano. A su vez, la subversión es una pieza clave en la política exterior cubana bajo los mandatos de Fidel Castro. Ello hace a Piñeiro una figura importante que goza de toda la confianza del Primer Ministro cubano. Muestra de ello es el hecho de que el Departamento América haya dejado de ser una dependencia del Ministerio del Interior con el sólo objetivo de darle total independencia a Piñeiro y subordinarlo directa y únicamente a Fidel Castro. Pero, al mismo tiempo, Piñeiro está totalmente concentrado en la actividad subversiva externa y no tiene, prácticamente, ninguna participación en la vida y decisiones internas lo cual, obviamente, no permite que se le considere dentro del grupo de poder máximo en Cuba.

SEVERO AGUIRRE DEL CRISTO: Este viejo comunista, después de superar el período de ostracismo en que se vio sumido debido a las consecuencias del proceso de la "microfracción", comenzó a escalar posiciones, siendo nombrado embajador en la Unión Soviética y posteriormente Vicepresidente de la Asamblea Nacional del Poder Popular. A la muerte de Flavio Bravo, Presidente de esta institución, asumió este importante cargo. No obstante, debido a su avanzada edad y al carácter tan formal de la Asamblea Nacional Cubana, totalmente carente de independencia, Severo Aguirre se limita a cubrir la forma y a regular aspectos de procedimiento en el simbólico "parlamento" cubano.

OMAR ISER MOJENA: Figura poco pública, Iser Mojena es el segundo Jefe del Departamento de Revisión y Control del Comité Central, que es la instancia que controla los expedientes de los miembros del Comité Central y propone al Buró Político las promociones o sustituciones de los mismos, así como los candidatos en cada Congreso. En la práctica, Iser Mojena es el Jefe de este importante departamento ya que su Jefe nominal, Juan Almeida, presenta serias limitaciones de salud, desde hace tiempo, que no le permiten dedicarse totalmente a esta tarea. Ello le da una importante posición a Iser Mojena que, no por gusto, es uno de los pocos que ha integrado el Comité Central desde la creación del Partido en 1965.

JOEL DOMENECH BENÍTEZ: A pesar de ser Vicepresidente del Comité Ejecutivo del Consejo de Ministros y Presidente de la Comisión Nacional de Energía, ya Joel Domenech, comunista de la vieja guardia, no concentra el mismo poder que cuando dirigía todo el sector de la Industria Básica. Diferencias de criterios con Fidel Castro, sobre la forma de organizar la industria, lo alejaron del grupo élite.

ANTONIO ESQUIVEL YEDRA: Su cargo como Vicepresidente del Gobierno, a cargo del Consumo a la Población y Ministro de la Industria Ligera, le concede un alto, aunque frágil y peligroso nivel en la nomenclatura cubana. Su total dedicación, así como su inteligencia y capacidad le han hecho acreedor de prestigio en las altas esferas y goza del reconocimiento de Fidel Castro. Por el momento es un cuadro sólidamente ubicado en su posición, aunque carece de la necesaria jerarquía política e histórica para integrar el máximo nivel. Debido a ello, su autoridad en la esfera que atiende está subordinada a Jaime Crombet, miembro del Secretariado que es el responsable "político" de la misma.

ANTONIO RODRÍGUEZ MAURELL: Su ascenso a Vicepresidente del Gobierno y Presidente de la Junta Central de Planificación es realmente sorprendente, si se tiene en cuenta que hace apenas 10 años era un oscuro funcionario en la provincia de Matanzas. El principal promotor para esta espectacular promoción fue, en sus inicios, Diocles Torralba, lo cual ahora, ante la destitución de este, puede ser un elemento negativo en su expediente. De todas formas, su cargo es imposible de mantener por mucho tiempo sin entrar en contradicción con la centralizada dirección de Fidel Castro. Por encima de él, en el campo económico, se sitúa Osmany Cienfuegos que, además de Vicepresidente del Gobierno, pertenece al Buró Político.

ADOLFO DÍAZ SUÁREZ: Es un trabajador capaz que se ha ganado las promociones a través de una dedicación total a las tareas que le han sido asignadas. La regresión en eficiencia que, inevitablemente, provocará la aplicación de la política dogmática y poco estimulante del llamado "Proceso de Rectificación", impulsada por Fidel Castro, provocará, más tarde o más temprano, una crisis en los sectores que dirige. El cargará con las culpas y su sustitución no sorprenderá a nadie. Su poco historial político (siempre se ha desenvuelto en la administración) facilitará esa alternativa. Julián Rizo, el miembro del Secretariado que atiende los mismos sectores por el Partido, es su superior.

JOSÉ MIYAR BARRUECOS: Además de su función de ayudante personal del Primer Ministro, atiende los aspectos organizativos del Consejo de Estado.

José Naranjo Morales: Durante años, Pepín Naranjo ha sido la sombra de Fidel Castro. Nunca se ha desempeñado como un trazador de políticas, pero su estrecha vinculación al máximo dirigente cubano lo han hecho una figura importante con la que ha sido necesario contar para lograr el acceso o favores de parte de éste. Actualmente coordina también las actividades del Grupo de Coordinación y Apoyo integrado por funcionarios que controlan tareas priorizadas por Fidel Castro.

Jesús Montané Oropesa: Es un histórico clásico que goza de una estrecha amistad con Fidel Castro. Ha tenido una trayectoria irregular habiendo integrado el Secretariado y el Buró Político, cargos para los que no fue ratificado en el último Congreso. Ocupaba la posición de Jefe del Departamento de Relaciones Exteriores del Comité Central, en la cual, debido a la actividad en esa esfera de Jorge Risquet y Carlos Rafael Rodríguez, no tenía mucho margen de acción. Ante el auge del Equipo de Coordinación y Apoyo, lo que absorbe el tiempo de José Naranjo, Fidel Castro lo ha tomado de ayudante personal lo cual resulta lógico si se tiene en cuenta la estrecha relación que existe entre ambos.

Ya después de estas exclusiones quedan 26 personajes que ostentan el máximo poder en la sociedad cubana. Estos son:

- **Fidel Castro Ruz:** Primer Secretario del Partido, Presidente de los Consejos de Estado y de Ministros y Miembro del Buró Político y del Secretariado del Comité Central.

- **Raul Castro Ruz:** Segundo Secretario del Partido, Primer Vicepresidente de los Consejos de Estado y de Ministros, Ministro de las Fuerzas Armadas y Miembro del Buró Político y del Secretariado del Comité Central.

- **Abelardo Colomé Ibarra:** Ministro del Interior, Miembro del Buró Político y General de Cuerpo de Ejército.

- **Ulises Rosales del Toro:** Primer Sustituto del Ministro de las Fuerzas Armadas, Miembro Suplente del Buró Político y General de División.

- **José Ramón Machado Ventura:** Miembro del Buró Político y del Secretariado a cargo de la organización y control de la actividad partidaria.

- **Jorge Risquet Valdés:** Miembro del Buró Político y del Secretariado a cargo de las relaciones exteriores.

- **Carlos Rafael Rodríguez Rodríguez:** Vicepresidente del Consejo de Ministros a cargo de las relaciones económicas externas y Miembro del Buró Político.

- **Osmany Cienfuegos Gorriarán:** Vicepresidente del Consejo de Ministros a cargo de los asuntos económicos y Miembro del Buró Político.

- **Pedro Miret Prieto:** Vicepresidente del Comité Ejecutivo del Consejo de Ministros a cargo del Sector de Industria Básica y Miembro del Buró Político.

- **Julián Rizo Alvarez:** Miembro del Secretariado a cargo de los sectores Agropecuario y Azucarero y Miembro Suplente del Buró Político.

- José Ramón Fernández Alvarez: Vicepresidente del Comité Ejecutivo del Consejo de Ministros a cargo de la Educación, la Ciencia y los Deportes, Ministro de Educación y Miembro Suplente del Buró Político.

- Senén Casas Regueiro: Vicepresidente del Comité Ejecutivo del Consejo de Ministros, Ministro de Transportes, Miembro Suplente del Buró Político y General de División.

- Vilma Espín Guillois: Presidenta de la Federación de Mujeres Cubanas y Miembro del Buró Político.

- Carlos Aldana Escalante: Miembro del Secretariado a cargo de la propaganda ideológica.

- Jaime Crombet Hernández: Miembro del Secretariado a cargo de los sectores de Industria y de Consumo y Servicios.

- Pedro Ross Leal: Miembro del Secretariado a cargo del Transporte y las Comunicaciones y Presidente de la Comisión Preparatoria del XVI Congreso Obrero.

- Ramón Espinosa Martín: General de División y Jefe del Ejército Oriental.

- Joaquín Quintas Solás: General de División y Jefe del Ejército Central.

- Ramón Pardo Jiménez: General de División y Jefe del Ejército Occidental.

- Carlos Fernández Gondín: General de División y Viceministro Primero del Interior.

- Jesús Bermudez Cutiño: General de División y Jefe de la Inteligencia del Ministerio del Interior.

- Rogelio Acevedo González: General de División, Viceministro de las Fuerzas Armadas a cargo de la Dirección Política y Director del Instituto de Aviación Civil.

- Rubén Martínez Puente: Jefe de Defensa Antiaérea y la Fuerza Aérea de las Fuerzas Armadas.

- Romárico Sotomayor Cruz: General de División y Viceministro del Ministerio del Interior.

- Manuel Fernández Crespo: General de Brigada y Viceministro del Ministerio del Interior a cargo de la Contrainteligencia (Seguridad del Estado).

- Alejandro Ronda Marrero: General de Brigada y Jefe de la Dirección de Tropas Especiales del Ministerio del Interior.

Como elemento curioso, pero a la vez altamente significativo e ilustrativo, se da el caso de que entre esta selección de 26 altos dirigentes que conforman la élite del poder en Cuba, sólo dos han sido miembros, ininterrumpidamente, del Buró Político y del Secretariado del Comité Central desde 1965, cuando se fundó el Partido Comunista de Cuba. Los nombres de estos dos superdirigentes del único y dominante aparato político cubano no son difíciles de determinar, se trata, por supuesto, de Fidel y Raúl Castro. Lo que resulta interesante, es que la distribución de funciones al más alto nivel ratifique, de forma tan evidente y consecuente, la absoluta centralización del poder en el país.

Esta élite muestra un cuadro estadístico altamente aleccionador:

- El 77 por ciento está integrado por cuadros profesionales del partido o militares.

- Se encuentra una sola mujer, Vilma Espín y dos mestizos, Pedro Ross y Rubén Martínez. A pesar de la retórica revolucionaria, después de 30 años, los números demuestran que el equipo que realmente conduce los destinos de la nación cubana es una agrupación de hombres blancos.

- Desde el punto de vista de su origen político, 22 de estos 26 máximos dirigentes son veteranos de la Sierra Maestra o del Movimiento 26 de Julio, lo que evidencia que el grupo que tomó el poder en 1959 se ha mantenido compacto y que la renovación de dirigentes se ha producido solamente en los niveles de menor importancia.

- La juventud no es tampoco una característica de la élite cubana. Su promedio de edad es 56 años, lo cual, si bien no los clasifica como ancianos, tampoco les permite seguir ostentando el calificativo de jóvenes y frescos revolucionarios.

A continuación, las evaluaciones particulares del real grupo del poder en Cuba:

FIDEL CASTRO RUZ: Aunque conocido y repetido, no por ello puede dejar de reafirmarse en el contexto de este análisis: Fidel Castro encarna la concentración absoluta del poder en Cuba. Es quizás un caso sin precedentes en la historia, pues si bien existen antecedentes de dictadores que han ejercido un férreo control sobre un país, como fueron los casos de Stroessner en Paraguay, Somoza en Nicaragua y Trujillo en República Dominicana, todos estos personajes permitieron una cierta libertad empresarial en la sociedad, lo cual Fidel Castro, ha evitado al seleccionar un ortodoxo y dogmático sistema marxista como forma de gobierno. Tampoco los ejemplos de Stalin y Mao son realmente comparables, pues si bien estos fueron duros dictadores, las dimensiones y complejidades de los países que controlaron hacían imposible un dominio total sobre todas las actividades como es el caso de Cuba. Cualquier análisis que se quiera hacer sobre las estructuras de poder en Cuba tiene que partir de esta aplastante realidad que, de hecho, condiciona totalmente, tanto a los hombres que integran el equipo de dirección, como al sistema institucional que existe en Cuba.

Pero aún aceptando esto, es totalmente imposible concebir que un sólo hombre pueda controlar, en detalle, todos los aspectos de una sociedad. Luego entonces, ¿dónde concentra Fidel Castro sus prioridades?. ¿Cuáles son las actividades sobre las que establece una dirección y control más rigurosos? Estas preguntas no resultan fáciles de responder por la universalidad y versatilidad del líder cubano, pero tratemos de precisar un poco sus preferencias de poder.

En primer lugar, Castro siempre se ha encargado de la definición de los lineamientos políticos centrales externos e internos. Tanto si en Cuba se aplica un sistema marxista ortodoxo, sin aperturas ni estímulos individuales, como dónde enfatizar en la propaganda ideológica, o si se recrudece la represión interna, o si las relaciones externas son más o menos agresivas y en fin todo, absolutamente todo, lo que tenga que ver con la estrategia política es y ha sido siempre una prerrogativa total del Presidente cubano.

A partir de ahí, los temas son variados y sobre todo fluctuantes. Una característica de Fidel Castro es que actúa a impulsos y, aparentemente, por inspiración. De pronto se entusiasma con algo y se dedica por entero a ello, con una intensidad impresionante, controlando hasta los más mínimos detalles, hasta que, de pronto, generalmente cuando percibe que no va a alcanzar lo que se proponía, se desentiende del asunto totalmente y traslada su atención a otro proyecto. Así, en los años 60 su prioridad estuvo centrada en el desarrollo agrícola, después se dedicó al desarrollo pecuario y la genética animal. Cuando se dio cuenta que con los limitados recursos de que disponía no avanzaba, decidió regresar al recurso tradicional de Cuba, el azúcar y programó su grandiosa zafra de los 10 millones de toneladas que terminó en el mayor descalabro económico de la historia de Cuba. Entonces decidió que para desarrollar al país era necesario crear una infraestructura adecuada y se especializó en las construcciones hidráulicas y viales. A mediados de los 70, el azúcar alcanzó precios muy altos en el mercado mundial y Castro consideró que era el momento de industrializar al país y ordenó comprar plantas industriales pesadas para producir acero, camiones, automóviles, equipos electrónicos y agrícolas. No pudo materializar ésto porque los precios del azúcar, con la misma rapidez que se elevaron, de un día para otro se desplomaron y no fue posible obtener créditos para las grandiosas compras. Durante el segundo lustro de los 70, hizo una pausa en sus prioridades internas y se dedicó a consolidar su posición como líder mundial al percatarse que el Movimiento de los Países no Alineados se había quedado sin líderes debido a la muerte de Gandhi y Nasser y a la senilidad de Tito.

Cuando fracasó también en este intento, regresó su atención al escenario nacional para darse cuenta de que un grupo de tecnócratas con pretensiones de racionalidad estaban liberalizando y descentralizando la economía (curiosamente con el beneplácito de su hermano) logrando más eficiencia en la misma, pero haciendo concesiones políticas que no encajaban en el esquema totalitario de Castro. Los despidió inmediatamente y decidió que como no tenía forma de ofrecer bienestar material al pueblo cubano, lo más adecuado era afianzarse en un cerrado y ortodoxo sistema donde los valores morales, es decir sacrificio y rechazo a los bienes materiales, era lo más conveniente. Resucitó al Che Guevara y a su filosofía del Hombre Nuevo y creó el "Proceso de Rectificación de Errores y Tendencias Negativas" que es, en esencia, la antítesis de la Perestroika y el Glassnot.

En estos momentos, tiene concentrada toda su energía en mantenerse como el último de los puros, pero no por idealismo, sino apostando a un fracaso de las corrientes renovadoras del bloque comunista, lo cual, si sucediera, le daría la inmensa gloria de haber sido el intransigente que nunca cedió. En ese empeño triunfará o perecerá, pero lo que no hará nunca es capitular. Lo que pueda padecer el pueblo cubano como resultado de esta personalista intransigencia, no le importa mucho a Fidel Castro. Cuba ha sido siempre para él un medio de convertirse en una figura mundial y no un objetivo al cual, como dirigente, debe servir.

Raul Castro Ruz: El indiscutible segundo hombre en la jerarquía cubana. Raúl Castro es, en mucho aspectos, la antítesis de su hermano Fidel. Fidel es carismático y Raúl es apagado. Fidel es un excelente orador y Raúl es incapaz de improvisar un discurso. Fidel es osado, improvisador y desorganizado y Raúl es calculador, metódico y burócrata. Pero estas diferencias no quieren decir que Raúl Castro no sea un hombre capaz y eficiente. No tiene rasgos geniales, es cierto, pero, a diferencia de su hermano, está totalmente consciente de ello y trata de suplir con métodos y organización sus limitaciones. Sería totalmente erróneo considerar que Raúl ocupa la posición de segundo hombre en Cuba por el hecho de ser el hermano menor de Fidel Castro. Raúl Castro resulta el complemento ideal para su genial pero caótico hermano. Durante los treinta años de Gobierno de Fidel Castro en Cuba, Raúl se ha dedicado, fundamentalmente, a organizar y controlar dos actividades básicas del modelo cubano: Las Fuerzas Armadas y el Partido. Sin duda, resulta evidente que estas dos actividades destacan más que favorablemente, por su organización y eficiencia, sobre el resto de las instituciones de la sociedad cubana. Y detrás de ello está la mano de Raúl Castro. Al extender su control sobre el Ministerio del Interior, como resultado del escándalo del narcotráfico, el segundo hombre de Cuba ha consolidado sensiblemente su poder dentro de la sociedad cubana.

Abelardo Colomé Ibarra: Hasta hace poco era el claro segundo al mando en las Fuerzas Armadas, el jefe máximo de la inteligencia y contra-inteligencia militar, el único militar con rango de general de cuerpo de Ejército, sólo inferior a Raúl Castro y el único militar miembro pleno del Buró Político. Ahora, como Ministro del Interior es el tercer hombre en la jerarquía cubana y el encargado de garantizar la estabilidad y permanencia del sistema, a través de la vía más efectiva: la represión.

Ulises Rosales del Toro: El jefe del Estado Mayor del Ministerio de las Fuerzas Armadas es un trabajador dedicado e infatigable que cumple su función a cabalidad. El movimiento de Colomé hacia el Ministerio del Interior deja a Rosales como segundo de las Fuerzas Armadas y, por ende, como una de las figuras principales del país.

José Ramón Machado Ventura: Es el controlador del Partido. Su función es velar por el buen funcionamiento del Partido y garantizar que éste mantenga su papel hegemónico en todas las actividades de la sociedad cubana, a todos los niveles.

Jorge Risquet Valdés: Risquet ha asumido el control de toda la actividad exterior, en parte debido a la avanzada edad de Carlos Rafael Rodríguez y, aunque no ha sido anunciado oficialmente, está al frente del Departamento de Relaciones Exteriores del Comité Central. Especialmente, es el hombre de Fidel Castro para toda la estrategia y relaciones con el tercer mundo, en el cual Castro no deja de luchar para convertirse en su indiscutible líder. Debido a la prioridad que Castro le concede a esa actividad, Risquet se ha convertido en uno de los hombres más influyentes en Cuba.

Carlos Rafael Rodríguez Rodríguez: Su verdadero poder e importancia han radicado en el hecho de haber sido el real embajador de Cuba en la Unión Soviética, a pesar de no haber ostentado nunca oficialmente ese cargo. Su inteligencia, formación profesional, conocimiento de las estructuras soviéticas y relaciones históricas y personales con los principales dirigentes de ese país, han sido un factor importante en las innumerables concesiones que Cuba ha recibido del principal país comunista y, en muchas ocasiones, han resuelto o evitado conflictos creados por la prepotencia e impulsividad de Castro. La renovación del equipo dirigente de la Unión Soviética ha disminuido sensiblemente su influencia. También Rodríguez ha servido de representante de alto nivel de Castro en otros países. Como dirigente interno, Rodríguez no ha sido tan efectivo como pudiera inferirse de sus altos cargos, ya que nunca pudo influir realmente en Castro, (aunque ha tratado denodadamente) para conducir la economía de una forma más racional y eficiente. Su avanzada edad no le hace un cuadro de muchas perspectivas, aunque todavía es una figura de primera línea.

OSMANY CIENFUEGOS GORRIARÁN: Es, en la práctica, el Ministro de Economía de Cuba. Ello equivale a ser el encargado de darle cabida en el plan, de la mejor forma posible, a las múltiples y contradictorias directivas de Castro. Ejerce esta función a través de su jefatura en una comisión especial de trabajo, llamada "Grupo Central", que reúne a los principales Ministros y trata de resolver los problemas económicos del país. Esta comisión suplanta totalmente al Consejo de Ministros de Cuba que nunca colegia ni actúa como cuerpo gubernamental. La autoridad de Osmany en el equipo administrativo (no el político, ni el militar) es indiscutible y, sin duda, es un dirigente de peso en Cuba. No obstante, la situación económica en Cuba está evolucionando tan desfavorablemente que, ni aún a un nivel tan alto, se está exento de ser sacrificado públicamente para salvaguardar la imagen de infalibilidad del máximo líder y ofrecerle a las masas "chivos expiatorios" que carguen con todas las culpas.

PEDRO MIRET PRIETO: Como Vicepresidente del Consejo de Ministros se encarga de la dirección y control de los Ministerios de Industria Básica y de Metalurgia y Sidero Mecánica. La atención a este importante sector de la economía, su extenso historial y membresía en el Buró Político así como su conocida amistad con Fidel Castro, le conceden una importante posición en la jerarquía cubana.

JULIÁN RIZO ALVAREZ: Atiende, como miembro del Secretariado, los sectores de Agricultura y Azúcar. Ha tenido una sistemática carrera ascendente, que lo ha llevado a ser uno de los pocos que integran el Secretariado y el Buró Político. Rizo goza de toda la confianza de los hermanos Castro y debido al relativamente bajo nivel político de los dirigentes administrativos de los sectores que dirige (sólo uno, Adolfo Díaz, ha sido nombrado es este último Congreso miembro suplente del Comité Central y los demás nunca han integrado el mismo) él se sitúa claramente por encima de ellos y, en la práctica, funciona como su jefe.

JOSÉ RAMÓN FERNÁNDEZ ALVAREZ: Es el Vicepresidente del Consejo de Ministros que atiende todo el sector de la Educación y Ciencia, el cual incluye al Ministerio de Educación, al Ministerio de Educación Superior, al Instituto de Deportes y a la Academia de Ciencias. Es asimismo Ministro de Educación. Desde los sucesos de Playa Girón (Bahía de Cochinos) se estableció una relación especial entre Fernández y Fidel Castro, cuando él fue el verdadero conductor militar de esa batalla y, públicamente, los supuestos méritos le fueron atribuidos al segundo. Después, al ser nombrado Ministro de Educación, una de las actividades más directamente atendidas por Fidel Castro en los años 70, Fernández tuvo buenas oportunidades de ampliar y consolidar esa relación, lo cual redundó en constantes ascensos que lo han llevado a ser Vicepresidente del Gobierno y miembro suplente del Buró Político. Conduce sus responsabilidades con la rectitud y disciplina de un militar de carrera (él lo es) y si bien no es de esperar que se le siga promoviendo, todo indica que está sólidamente asentado en su importante posición. En los últimos tiempos, se ha evidenciado la intención de resaltar la figura de Fernández, enviándolo al extranjero al frente de importantes delegaciones y permitiéndole que actúe de vocero oficial del Gobierno cubano ante personalidades y prensa de otros países.

SENÉN CASAS REGUEIRO: El nombramiento de Senén Casas como Ministro de Transportes culmina una extraña y quizás incómoda posición de éste dentro del Ministerio de las Fuerzas Armadas. Desde hace tiempo, a pesar de su cargo de primer sustituto del Ministro, Casas no se ocupaba de aspectos militares, sino de diversas tareas administrativas y formales que vinculaban a las Fuerzas Armadas con la vida civil, lo cual, evidentemente, no constituía el centro de poder del aparato militar. Precisamente por ello, resulta muy significativo que, en un momento en que fue necesario prescindir de Colomé Ibarra en el Ministerio de las Fuerzas Armadas, Raúl Castro haya aceptado también la pérdida del hombre que, teóricamente, debía haber ocupado la posición de segundo en el ejército y lo haya cedido para una actividad civil. No obstante, su promoción a Vicepresidente del Gobierno, unido a su permanencia en el Buró Político desde 1980 lo hacen, por el momento, una figura realmente importante. Pero de la caótica actividad de transportes en Cuba, nadie ha emergido como vencedor y Senén no tiene por qué ser una excepción. Además, padece de serias dolencias cardíacas.

VILMA ESPÍN GUILLOIS: El nivel de Vilma Espín en la sociedad cubana no está dado por su histórico cargo de Presidenta de la Federación de Mujeres Cubanas, organización de segundo orden en la estructura cubana, sino por el papel de primera dama que se le ha concedido ante la ausencia de una familia conocida de Fidel Castro.

CARLOS ALDANA ESCALANTE: El meteórico ascenso de Aldana a las primeras posiciones del Partido, no deja de sorprender a muchos, inclusive dentro de la alta dirigencia en Cuba. Aldana se ha convertido en el Jefe del Departamento de Orientación Revolucionaria que tiene a su cargo el control de los medios de difusión y propaganda y articula las campañas ideológicas a la población. Su promotor es el mismo Raúl Castro, por lo que es de esperar que su línea ascendente continúe.

JAIME CROMBET HERNÁNDEZ: Atiende, por el Secretariado, los sectores de Industrias y de Consumo y Servicios. Crombet ha venido recibiendo constantes promociones desde los primeros años de la Revolución. Su ratificación en el secretariado, en el cual había sido incluido por primera vez en 1983, lo sitúan en una sólida posición. De las actividades que atiende por el Secretariado, Crombet no es la máxima autoridad en el Sector Industrial Básico, el cual es controlado por Pedro Miret, superior en jerarquía a Jaime. En lo referente al Consumo y los Servicios, su rol dirigente es incuestionable y tanto el Vicepresidente de Gobierno a cargo de esos frentes, Antonio Esquivel, como los ministros que integran los mismos, todos de menor nivel político que Crombet, se le subordinan claramente.

PEDRO ROSS LEAL: Fue promovido al Secretariado para atender los sectores de Transporte y Construcción. Recientemente fue nombrado presidente de la comisión preparatoria para el XVI Congreso de los Sindicatos Cubanos, lo cual equivale a que Ross será el próximo Secretario General de esa organización y, con ello, su promoción al Buró Político está asegurada.

Ramón Espinosa Martín, Joaquín Quintas Solás y Ramón Pardo Jiménez: Estos tres Generales son los jefes máximos de las tres principales agrupaciones militares de Cuba, los ejércitos Oriental, Central y Occidental y, por ello, concentran un poder real de gran importancia. De los tres, Pardo Jiménez, a pesar de ocupar el mando del principal cuerpo de ejército en Cuba, es el menos sólido ya que su ascenso a esa posición fue propiciado por la coyuntura de la destitución y fusilamiento del General Arnaldo Ochoa, que era el que debía haber asumido ese mando.

Carlos Fernández Gondín: Este General, es el Viceministro Primero del Ministerio del Interior y hasta septiembre de 1989 fue el poderoso jefe de la contrainteligencia militar. Su posición se fortaleció con el escándalo del narcotráfico, operación claramente preparada y conducida por la contrainteligencia militar. Fernández Gondín es, en la actualidad, uno de los hombres más influyentes y temidos dentro de la estructura cubana.

Jesus Bermudez Cutiño: Era el jefe de la Inteligencia militar y en el marco de los reajustes derivados del escándalo del narcotráfico, pasó al Ministerio del Interior al frente de la Inteligencia de ese organismo. Conforma actualmente, con Colomé Ibarra y Fernández Gondín, la suprema trilogía a cargo del control represivo en Cuba.

Rogelio Acevedo González: Combatiente de la Sierra Maestra cuando apenas contaba 15 años, es uno de los preferidos de Raúl Castro. Actualmente es Viceministro de las Fuerzas Armadas a cargo de la importante Dirección Política. En junio de 1989, fue nombrado al frente del Instituto de Aviación Civil, con el objetivo de evitar cualquier intento de uso de la aviación por parte de simpatizantes de los oficiales encausados por el escándalo del narcotráfico. Es de esperar que continúe su línea ascendente y que sea promovido dentro de la estructura militar..

Rubén Martínez Puente: El hecho de que siendo el Jefe de la Aviación no integre el Comité Central se debe a que se ascenso a este cargo se produjo en 1987, cuando ya se había celebrado el Congreso del Partido. Es de esperar que se le incluya en la máxima instancia política en el próximo Congreso. Su actual posición de Jefe de la Fuerza Aérea Cubana lo inserta en el grupo máximo de poder debido al peso e independencia de la aviación de guerra. Ha estado vinculado a la Fuerza Aérea desde los primeros momentos de la revolución.

Romárico Sotomayor Cruz: Ex-combatiente de la Sierra, había transitado por innumerables puestos en unidades militares y mandos locales a lo largo y ancho del país. Su sorpresivo nombramiento como Viceministro del Ministerio del Interior está dirigido a implantar una férrea disciplina dogmática en este organismo y erradicar los hábitos de conducta occidentalizados de la oficialidad del mismo. Sotomayor parece ser una figura ideal para esa tarea.

Manuel Fernández Crespo: La posición de este General es la de jefe de la contrainteligencia en el Ministerio del Interior, la famosa y temida Seguridad del Estado. El hombre que ocupe esa posición, clave en el sistema represivo cubano, tiene asegurado un puesto en el grupo central de poder.

Alejandro Ronda Marrero: Las Tropas Especiales del Ministerio del Interior constituyen un pequeño pero poderoso y bien entrenado y equipado ejército de 2,000 hombres cuya capacidad de acción es equivalente a la de tropas convencionales muy superiores. Ronda Marrero es un experimentado oficial de este cuerpo que ha ocupado diferentes responsabilidades en el mismo hasta llegar a la máxima jefatura del mismo. La posición que asuman estas tropas, ante cualquier alternativa insurgente en Cuba, no puede dejar de tenerse en cuenta.

Este es el grupo que nuestro análisis nos ha llevado a definir como la élite del poder en Cuba. Ahora, cabe la pregunta ¿agrupa este conjunto de personajes de alto nivel de la "nomenclatura" cubana todas las funciones básicas requeridas para conducir un país? ¿Existe algún aspecto importante que se haya escapado y que esté fuera del margen de acción directo de esta selección?

Para responder a esto, resulta necesario resumir y caracterizar el conjunto de funciones que ejercen los miembros de este selecto grupo. En el mismo se encuentran:

- la dirección de las fuerzas armadas con:

-	su Ministro	Raúl Castro Ruz
-	su jefe de Estado Mayor General	Ulises Rosales del Toro
-	su jefe político	Rogelio Acevedo González
		Ramón Espinosa Martín
-	sus tres jefes de ejércitos	Joaquín Quintas Solá
		Ramón Pardo Guerra
-	su jefe de la aviación y defensa antiaérea	Rubén Martínez Puente

- la dirección del aparato represivo directo con:

-	su Ministro	Abelardo Colomé Ibarra
-	su primer viceministro	Carlos Fernández Gondín
-	su jefe de inteligencia	Jesús Bermúdez Cutiño
-	su jefe de contrainteligencia	Manuel Fernández Crespo
-	su jefe de tropas especiales	Alejandro Ronda Marrero
-	su jefe de orden interior	Romárico Sotomayor Cruz

- la dirección del aparato político con:

-	su primer secretario	Fidel Castro Ruz
-	su segundo secretario	Raúl Castro Ruz
-	su organizador y controlador	José Ramón Machado Ventura
-	su ideólogo de propaganda	Carlos Aldana Escalante
-	su jefe de los sindicatos	Pedro Ross Leal
-	su jefa de la organización femenina	Vilma Espín Guillois

- la dirección de las actividades administrativas con:

  - su primer ministro   Fidel Castro Ruz
  - su jefe de relaciones exteriores   Jorge Risquet Valdés
  - su jefe de relaciones económicas externas   Carlos Rafael Rodríguez
  - su jefe económico   Osmany Cienfuegos Gorriarán
  - su jefe del sector industrial   Pedro Miret Prieto
  - su jefe de consumo y servicios   Jaime Crombet Hernández
  - su jefe de los sectores agropecuario y azucarero   Julián Rizo Alvarez
  - su jefe del sector de transportes y comunicaciones   Senén Casas Regüeiro
  - su jefe del sector de educación y ciencia   José Ramón Fernández Alvarez
  - su jefe del sector de construcciones   Pedro Ross Leal

El EQUIPO POLÍTICO incluye los principales componentes de la máxima dirección pero se observan ausencias de alguna significación.

- No está el jefe de los Comités de Defensa de la Revolución, organización fundamental del sistema de control político-represivo cubano. El actual dirigente de esta organización, Armando Acosta, estuvo en el Buró Político y no fue ratificado para el mismo, por lo cual es de esperar su sustitución al frente de los Comités.

- No está el jefe de la Unión de Jóvenes Comunistas lo cual, en un país con una población tan joven como Cuba, resulta una omisión importante. Esta situación es reflejo de la poca participación de las generaciones posteriores a 1959 en la dirección activa de la nación cubana.

- No está el jefe actual de la Asociación Nacional de Agricultores Pequeños, debido a que Orlando Lugo asumió dicho cargo después de celebrado el Congreso del Partido. Debe ser promovido en el próximo Congreso, aunque todo indica que Fidel Castro tiene el claro propósito el acabar con el poco de independencia que aún le queda al reducido sector privado campesino cubano.

En el GRUPO MILITAR las omisiones son:

- No se incluye al jefe de la Marina y ello no resulta una omisión, sino un reflejo de la realidad. La Marina es el cuerpo armado de menor cantidad de efectivos dentro de las Fuerzas Armadas y tiene asignada una función de control de las aguas territoriales y no de real cuerpo agresivo.

- Faltan los responsables de la Inteligencia y Contrainteligencia Militar ya que el equipo que dirigía estas funciones fue trasladado íntegramente al Ministerio del Interior entre junio y septiembre de 1989. Sin embargo, el hecho de que Colomé Ibarra, Fernández Gondín y Bermúdez Cutiño no aparezcan formalmente en la nómina de las fuerzas armadas no quiere decir, de ninguna forma que se hayan desentendido de sus antiguas funciones sino que las mismas se han situado bajo un mismo mando común para el ejército y la seguridad.

. En el Ministerio del Interior falta la representación de su Jefe Político, cargo de gran poder y relevancia, especialmente a partir de las transformaciones que ha venido sufriendo este aparato represivo después del escándalo del narcotráfico.

El equipo que controla la ADMINISTRACIÓN, está bastante completo e incluye a todo el primer nivel de dirección de las principales actividades del país. Hay un caso, que en estos momentos ha sido forzado y es el de Pedro Ross atendiendo a la Construcción, ya que su nombramiento como Jefe de la Comisión Preparatoria del próximo Congreso Obrero, lo aparta de sus responsabilidades nominales por el Secretariado. De todas formas, la construcción es una de las actividades más controladas por Fidel Castro y, por ello, el papel de Ross en la misma estaba limitado.

Pero lo que resulta realmente significativo en este grupo, es que se produzca una combinación de cuadros definidos como dedicados a funciones administrativas con la de funcionarios políticos profesionales para conformar el grupo que, en la práctica, se encarga de la administración del país. Así se tiene que, por ejemplo, Osmany Cienfuegos que es Vicepresidente del Gobierno y, como tal, miembro de la Administración es el principal dirigente de la actividad económica y tiene más autoridad en ese campo que Lionel Soto que es el miembro del Secretariado del Comité Central que atiende esa esfera. Pero de igual forma, Julián Rizo, que es el miembro del Secretariado del Comité Central que atiende a la agricultura y al azúcar, supuestamente desde el ángulo político, es el dirigente máximo de esas actividades en Cuba, por encima de Adolfo Díaz, el Vicepresidente de Gobierno para la misma esfera.

Esta indiscriminada "confusión" de autoridades y líneas de mando es una característica en el máximo nivel de la dirección administrativa (esto no sucede en las Fuerzas Armadas, la Seguridad o en la parte ideológica del aparato partidario) y es un fiel reflejo de dos factores:

- El primero es el permanente estilo desorganizado, voluntarioso e improvisador de Fidel Castro, que se apoya en las figuras que le resultan de su preferencia para conducir las distintas actividades del país, con independencia de las estructuras oficiales establecidas.

- El segundo es el paralelismo y duplicación de funciones que existe en la sociedad cubana entre el Partido y la Administración. Todas, absolutamente todas, las actividades del país tienen un responsable administrativo y otro político. Esta duplicidad facilita, obviamente, que se produzcan estas inconsistencias en las líneas de mando.

De todas formas, en esencia, la supremacía del aparato político está siempre garantizada, porque lo que nunca sucede es que un funcionario administrativo se sitúe por encima de su equivalente político si él, a su vez, no está investido de una jerarquía superior o al menos similar, dentro del Partido.

Por último, se señala que la ausencia en este grupo final de representantes del, supuestamente, principal instrumento de Gobierno en Cuba, la Asamblea Nacional del Poder Popular, no es un error, sino un claro reflejo del pobre y formal papel que juega esta institución en el real proceso de toma de decisiones de la nación cubana.

4

SÍNTESIS

Al final puede afirmarse, como resumen a los análisis que se han venido realizando, que en Cuba, el Partido constituye el vehículo único y omnipotente para garantizar la implantación y el estricto cumplimiento de los dictados del máximo dirigente cubano: Fidel Castro Ruz. Raúl Castro es la figura central que se encarga de que el aparato partidario cuente con la organización y disciplina para cumplir esta misión. A su vez, Raúl Castro también se ocupa de que las Fuerzas Armadas garanticen la estabilidad del sistema. Quizás hasta 1989, podían existir fundamentadas dudas respecto a si esta última función era en realidad una tarea del Ministerio del Interior. La intervención del Ministerio del Interior por parte de las Fuerzas Armadas, una de las claras consecuencias, si no objetivo, del escándalo del narcotráfico, ha demostrado claramente que en Cuba se ha producido una reestructuración de los grupos de poder, a través de la cual el aparato represivo cubano se ha integrado totalmente bajo el mando del Ejército, evidenciando a su vez que el principal objetivo del fabuloso aparato militar cubano no es la defensa contra un enemigo externo, sino contra la posible disidencia interna, de donde quiera que esta venga.

Como parte de esta realidad, destacan tres figuras que son los encargados de ejecutar estas misiones bajo la directa supervisión de Raúl Castro: Abelardo Colomé y Ulises Rosales en el frente militar-represivo y José Ramón Machado Ventura en lo referente a la organización y control del aparato partidario. Colomé y Rosales se apoyan para llevar a cabo su tarea en los altos oficiales que integran el grupo señalado como de primer nivel. Machado ejerce su control a través de los miembros del Secretariado y los Secretarios Provinciales del Partido.

Existe otro personaje que, debido a su identificación con Fidel Castro en la tarea que a este le resulta más importante, su proyección como líder universal, debe ser incluido en esta reducida élite de las élites: Jorge Risquet Valdés. Risquet ha pasado a ser la principal figura en las relaciones exteriores. No casualmente es el único dirigente del Partido que ostenta los cargos de miembro pleno del Buró Político y del Secretariado, además de Fidel, Raúl y Machado Ventura.

A partir de aquí, todos los otros personajes del primer nivel, están bajo el control fluctuante e improvisado de Fidel Castro lo cual, aunque pueda parecer contradictorio, les resta consistencia, independencia y estabilidad, por lo que su poder real se ve limitado.

Ya sea Osmany Cienfuegos en busca de la articulación de un plan de la economía que continuamente se ve desbordado por nuevas y monumentales iniciativas del Primer Ministro, o Carlos Rafael Rodríguez viajando a la Unión Soviética para convencer a los soviéticos de que brinden apoyo material adicional para una nueva estrategia del Comandante, o Pedro Miret tratando de convertir, de la noche a la mañana, a la atrasada industria mecánica cubana en productora de vehículos de transporte pesado con calidad exportable, ninguno de ellos puede dirigir la actividad bajo su responsabilidad de forma coherente e indepediente. Es significativo que Raúl Castro se mantenga totalmente al margen de este mundo caótico y se concentre exclusivamente en el Partido y las Fuerzas Armadas, los dos elementos que evitan que el sistema se desmorone.

Finalmente, la pregunta obligada: ¿Qué sucederá después de Fidel Castro?

Aunque esta pregunta conduce inevitablemente al campo de la especulación y este libro se ha tratado de basar en hechos demostrables para lograr una definición precisa de las estructuras actuales de poder en Cuba, el tema, por su importancia e interés, merece algunas consideraciones.

En primer lugar, es necesario tener en cuenta la forma en que se produzca la desaparición de Castro del escenario cubano. Básicamente estas pueden ser:

- por una sublevación popular
- por una acción de parte de los grupos de poder
- por muerte natural
- por autodestrucción

En las dos primeras alternativas, resulta impredecible definir quién o quiénes asumirían el poder, pero lo que no se puede dudar, es que una separación violenta del poder de Fidel Castro tiene que ser llevada a cabo por elementos también opuestos al hermano. Ello derivaría de inmediato en una modificación total de las estructuras de poder actuales, acompañado de una evolución inmediata hacia un sistema totalmente diferente. Las principales consideraciones al respecto son:

La Sublevación Popular

La sublevación popular no es una alternativa descartable en la Cuba de hoy. El deterioro real de las condiciones de vida del pueblo cubano y, sobre todo, la falta de perspectivas de solución dentro del esquema actual, como consecuencia directa del voluntarismo de Fidel Castro, están produciendo efectos muy profundos entre la población cubana. El respaldo a la llamada "Revolución" ya no es tan amplio como fue en los primeros años, o como pudieran aparentar movilizaciones masivas que, en realidad, no son más que formidables manipulaciones de un poderoso y bien articulado aparato político-represivo. Más del 50 por ciento de la población cubana tiene menos de 35 años y no ve en el equipo dirigente a los jóvenes y románticos guerrilleros que realizaron una gran proeza, sino a envejecidos y dogmáticos patriarcas que no ofrecen nada atractivo. Pero aún suponiendo que estas masas desesperanzadas y desilusionadas intentaran modificar violentamente el sistema, es difícil pensar que puedan triunfar si no cuentan con el apoyo de una parte de las fuerzas militares.

La Acción por Parte de Grupos de Poder

Para llegar a una exacta definición de esta alternativa, sería necesario enfrascarse en el análisis de los personajes que pudieran involucrarse en la misma lo cual, obviamente, no debe ser el contenido de un documento público como éste. No obstante, pueden realizarse algunas consideraciones importantes e ilustrativas al respecto.

Dentro de los grupos de poder hay uno que, sin lugar a dudas, rechaza mayoritariamente el camino impuesto por Fidel Castro y si no lo manifiesta es por una combinación de temor, oportunismo e impotencia. Estos son los dirigentes administrativos y económicos. Es totalmente imposible tener una responsabilidad de importancia en el campo económico en Cuba y no entrar en total contradicción, aunque sólo sea mentalmente, con la irracional administración que lleva a cabo Fidel Castro. Este lo sabe y por eso muestra, con tanta ferocidad y frecuencia, su desprecio hacia los que él llama tecnócratas y burócratas. Si no los elimina totalmente es porque, ni aún en la Cuba de Fidel Castro es posible sobrevivir sin que algunas personas se encarguen de administrar y tratar de hacer funcionar lo elemental para que la sociedad no colapse. Pero cada vez que alguien intenta ir más allá de lo que Castro considera su feudo absoluto, es aplastado sin ninguna consideración. Ese fue el caso de Humberto Pérez, ex-Presidente de la Junta Central de Planificación y miembro suplente del Buró Político que osó tratar de introducir algunas reformas racionales al sistema económico cubano y hoy languidece como auxiliar de contabilidad en una intrascendente empresa en La Habana, despojado, por supuesto, de todos sus cargos. El problema de este claro y natural grupo opositor a Castro, es que carece de fuerza real para enfrentar acciones decisivas y para ello tendría que buscar apoyo entre los militares.

Otra facción a considerar es la Seguridad del Estado. El nombramiento de Colomé Ibarra como Ministro del Interior y la destitución de, prácticamente, toda la oficialidad del primer nivel de este ministerio, les ha dado a los militares, encabezados por Raúl Castro, el control total sobre el aparato militar-represivo cubano. Uno de los ahora claros objetivos del forzado escándalo del narcotráfico era precisamente éste. Hacía tiempo que las rivalidades entre el Ejército y la Seguridad venían molestando a Raúl Castro y a su equipo de dirección. Fidel Castro hizo un último intento por evitar una crisis, sacrificando (o quizás protegiendo) a uno de sus más fieles e incondicionales seguidores, Ramiro Valdés. Pero el problema era mucho más profundo que el voluntarioso Ramiro. El Ministerio del Interior, como necesidad vital de su actividad de control, tenía acceso directo al estado de opinión real de la población, así como a la evolución internacional. Esto le brindaba elementos de análisis que resultan muy difícil de mantener como ajenos. Mientras los oficiales del Ejército eran mantenidos en el total ostracismo político e informativo, sus viajes eran limitados a los países del bloque comunista y su acceso a la tecnología moderna no rebasaba los anticuados equipos soviéticos, los de la Seguridad se paseaban por el mundo occidental, usaban computadoras y medios de comunicación altamente sofisticados y tenían acceso a la más moderna literatura y medios de prensa del mundo. Todo ello resultaba muy peligroso en un momento en que la "revolución" carecía de posibilidades de brindar, ni siquiera promesas, a la sociedad cubana y su líder se empecinaba en una intransigencia, característica de los dictadores envejecidos. Las fuerzas del Ministerio del Interior oscilan en los 70,000 hombres, bien entrenados y capacitados y conocedores a fondo de todas las alternativas, dentro y fuera de Cuba. Pero se podrá eliminar a todo el primer nivel de dirección del Ministerio del Interior, como se hizo, pero lo que no puede hacerse es desmantelar totalmente a un aparato de tales dimensiones, porque la Seguridad del Estado es una pieza clave en la concepción represiva de un Estado como el cubano. Los que queden, que obligadamente tendrán que ser la mayoría, están igualmente permeados de la situación real, interna y externa, y acostumbrados a trabajar de una forma que va a entrar en total contradicción con los primitivos y autoritarios métodos que seguramente buscarán imponer los militares interventores. Pero, además, si a alguien no se le puede contar la historia de que la operación del narcotráfico fue iniciativa exclusiva de los hermanos De La Guardia y de Padrón, así como que fue necesario ensañarse con sus jefes, en muchos casos amigos, por supuesta falta de control y corrupción, es a los oficiales del Ministerio del Interior que saben muy bien como vive y actúa todo el mundo en Cuba. La situación, en principio, quedó bajo control, pero las consecuencias definitivas pueden ser mucho más peligrosas para el régimen de lo que hoy se es puede advertir.

La Muerte Natural

Para esta alternativa es que todo está diseñado. Cuando llegue ese momento, y suponiendo que Raúl Castro esté vivo y no demasiado anciano, él asumirá el poder. Con el control del Partido, el Ejército y la Seguridad, ello no debe resultar complejo. Pero Raúl no es Fidel y él está totalmente consciente de ello. Después de un tiempo prudencial, en respeto a la memoria del hermano, las cosas comenzarán a cambiar radicalmente.

Los primeros claros efectos serán en la proyección internacional. Cuba dejará de participar en guerras en el extranjero, se reducirá sensiblemente su apoyo a la subversión y se terminarán las pretensiones de hegemonía en el tercer mundo. A renglón seguido, los aspectos económicos comenzarán a ser priorizados de forma mesurada, evitando las variantes descabelladas y una discreta Perestroika comenzará a ser aplicada. Raúl Castro sabe perfectamente que él no es capaz de calmar a la gente con discursos espectaculares y promesas grandilocuentes que nunca se cumplen y tratará (está obligado) de ofrecer algunos resultados. Para ello, no le quedará otra alternativa que iniciar una apertura que se convertirá en indetenible. Pero esta obligada evolución, pues Raúl no tiene ni la posibilidad ni la vocación de dirigir el país a impulsos como su hermano, conducirá, irremediablemente, a la entrada en acción de fuerzas opositoras de distintos matices y Raúl carece del carisma y la habilidad de Fidel para controlarlas. Un excelente segundo no tiene necesariamente que ser un buen primero. Si opta por la represión brutal y total para controlar la situación, desatará profundas divisiones, tanto en la estructura política como en la militar, pues desaparecido el mito "Fidel", se acabará también la aparente unidad de criterios que hoy se percibe dentro del grupo de poder. Si no acude a la represión y deja que la apertura se consolide y amplíe, las nuevas corrientes terminarán por imponerse e introducir modificaciones que transfomarán totalmente lo que aun quede de la era castrista.

La Autodestrucción

El sólo nombre de esta alternativa, puede parecer más adecuado para una novela de política-ficción que para un análisis que pretende ser serio sobre los destinos de un país. Pero lamentablemente, esta opción no es tan imposible como la racionalidad de nuestros tiempos pudiera sugerir. Ello es debido a las características del máximo conductor de la nación cubana desde enero de 1959, Fidel Castro. El sistemático error cometido por la mayor parte de los analistas de la problemática cubana, no importa si a favor o en contra, es haber tratado de interpretar los hechos y las tendencias desde un punto de vista lógico y racional.

Cuando a mediados de los años 70 en Cuba se comenzaron a introducir reformas económicas y ello condujo inmediatamente a un incremento de la oferta de productos agrícolas y de artesanía a la población, todo el mundo pensó que el proceso cubano se dirigía por caminos más racionales como resultado de una maduración de experiencias. Nadie podía prever, desde un punto de vista lógico y racional, el dogmático Proceso de Rectificación que con tanta fuerza se ha entronizado en el país en los últimos años.

Cuando en 1985 se comenzaron a tener evidencias de discrepancias entre Cuba y la Unión Soviética, la mayor parte de los analistas consideraron que nada de eso podría llegar a situaciones extremas porque Castro no podía darse el lujo de prescindir del subsidio soviético. Hoy somos testigos de un enfriamiento en las relaciones, de un congelamiento del nivel de intercambio comercial, de críticas al sistema cubano en la prensa soviética, de rechazo oficial de la política soviética por parte de Fidel Castro y de censura a las publicaciones soviéticas en Cuba.

Debido a la evolución de los acontecimientos mundiales, la mayor parte de los analistas consideran que a Castro no le queda otra alternativa que buscar un acercamiento con Norteamérica para compensar su déficit financiero actual y el que se prevé como resultado de la disminución de la ayuda soviética. Y para ello, tendrá que hacer concesiones y liberalizar su rígido sistema. Y, sin duda, esa es la alternativa más lógica y casi obligada. Sólo que no para Fidel Castro. El día que Fidel Castro normalice sus relaciones con los Estados Unidos, perderá totalmente el argumento que lo ha proyectado a ser un hombre de talla mundial, el del puro revolucionario que en condiciones totalmente desventajosas es capaz de enfrentarse al agresor imperialista. Su fabuloso ejército, su aparato de seguridad, el estado policíaco, la intransigencia interna, las fronteras cerradas, todo perdería vigencia y él se convertiría en un jefe más de Gobierno de un pequeño y poco poderoso país. Aquí está también la explicación de por qué se niega a aceptar las reformas auspiciadas por la Unión Soviética. Castro necesita la confrontación política, bordeando la crisis militar, para justificar su forma de actuación y para mantenerse como una figura de primer orden interna y externamente.

Pero además, al máximo líder cubano no le importa realmente el nivel de vida del pueblo. En sus alocuciones públicas de los últimos tres años, se ha cansado de preparar a los cubanos para etapas más difíciles, de más sacrificios. En su discurso del 26 de julio de 1989, relacionó claramente a las dificultades que se avecinaban con la nueva política del campo comunista. Para él, el problema no radica en cuán bien o mal vivan los cubanos, sino en contar con una excusa adecuada para justificar la situación. Hasta ahora ha contado con el embargo norteamericano. A esto se le añade ahora la traición soviética.

Pero esta situación tiene sus límites. Si Castro ha podido desarrollar su innegable talento político durante tres décadas en una forma tan arbitraria es, fundamentalmente, porque ha sido, probablemente, el único dictador en la historia que no ha tenido que preocuparse por los aspectos básicos de subsistencia de la nación. El subsidio soviético ha sido de tal magnitud, que Castro ha podido contar con recursos suficientes para, a pesar de la ineficiente administración de los mismos, ofrecer una alimentación mínima y un sistema masivo de educación y salud. Estos artificiales logros comienzan a estar en peligro. La retórica tiene sus límites y Castro lo sabe. El puede maniobrar de inmediato con la excusa de la traición soviética, pero a mediano plazo, una actitud demasiado intransigente puede tener serios efectos, tanto sobre la población como sobre parte de la dirigencia. La única alternativa que le queda es que se produzca un cambio en la Unión Soviética y las fuerzas conservadoras vuelvan a tomar control de la situación. Y Castro no se va a sentar a esperar a que esto suceda, sino que va a tratar de provocarlo.

El tiempo ha comenzado a correr en contra de él. Ya no es el más joven y si bien hay que reconocer que ha sido capaz de lograr lo que todo el mundo decía que era imposible, consolidar un estado marxista en el Caribe y, más importante aún, inscribir su nombre en la historia y convertirse en una figura mundial, sus fracasos han sido mayores que sus triunfos y el juicio de la historia no lo va a absolver.

- En los años 60 intentó sublevar a Latinoamérica a través de las guerrillas y fracasó.

- A principios de los 70 trató de industrializar a Cuba y fracasó.

- A finales de los 70 quiso convertirse en el líder del tercer mundo y fracasó.

- A principios de los 80 se propuso consolidar un frente anti-imperialista con el tema de la deuda externa y fracasó.

- En Angola, aunque logró no salir humillantemente derrotado, tampoco consiguió una victoria y la historia demostrará la inutilidad de sus 13 años de intervención cuando se retire de ese país.

- Su intento de dominar Centroamérica se aleja cada vez más ante la falta de voluntad soviética de hacerse cargo de nuevos compromisos costosos como el de Cuba.

- Su excesivamente larga permanencia en el poder y su intransigencia "stalinista" están trocando aceleradamente su preciada imagen de revolucionario por la de un común dictador.

Luego, necesita apurarse y para ello su más clara alternativa, y quizás la única, es la de incrementar las tensiones para demostrarles a los militares soviéticos la imposibilidad de continuar con la ingénua o traicionera política de Gorbachov y forzarlos a que vuelvan a tomar el control de la situación. Su escenario natural para ello es Centroamérica y el Caribe. Panamá, Colombia, Nicaragua, El Salvador, Televisión Martí o una combinación de estos factores están evolucionando en este sentido, con la indudable participación cubana. Si logra involucrar directamente a los norteamericanos en un conflicto en la región, tendrá una carta de triunfo para debilitar la posición soviética actual y retornar al orden existente antes de Gorbachov.

La lógica, de nuevo, puede traicionar. Este camino puede convertirse en una alternativa incontrolable y llegar a provocar una confrontación directa de Cuba con los Estados Unidos, lo cual casi equivale a un suicidio. Pero el megalómano líder prefiere un final espectacular a una muerte lenta asociada a la mediocridad y al fracaso. Sus alternativas en esta opción son:

- Provocar un conflicto indirectamente para cambiar la política soviética y con ello recuperar su apoyo.

- Involucrarse limitadamente de forma directa en un conflicto en el área. De esa forma revitaliza su papel de víctima agredida por el gigante imperialista y justifica, interna y externamente, su intransigente posición.

- Provocar una confrontación de grandes magnitudes que llegue a un enfrentamiento directo con los Estados Unidos y le permita inmolarse espectacularmente como una valiente luchador.

Esta última alternativa es la que hemos llamado la autodestrucción. No es casual que en sus últimas declaraciones los hermanos Castro hayan retomado el tema de la posibilidad de una agresión norteamericana, en momentos en que a nivel de las grandes potencias se materializan acuerdos de reducción de armamentos, se firma la paz en Angola, debido fundamentalmente a la intervención norteamericana y se le retira la ayuda a los Contra en Nicaragua para facilitar la solución de los conflictos en Centroamérica. No es casual que Fidel Castro haya declinado asistir a la Conferencia de los No Alineados, en septiembre de 1989, poniendo como excusa la gran tensión en el área, cuando esta no es realmente mayor que lo que era unos meses atrás y Castro no se privó de viajar a México y Venezuela. Tampoco es casual que Raúl Castro haya declarado públicamente, el 14 de junio de 1989, que era preferible que Cuba se hundiera en el mar como en la fábula de la Atlántida antes de que el capitalismo regresara, y de que Fidel Castro, el 5 de diciembre de 1988, cambiara su tradicional "Patria o Muerte" por "Marxismo Leninismo o Muerte".

Esta aparentemente irracional alternativa, es una posibilidad real que no puede desconocerse, aunque muchos prefieran ignorarla y calificarla de imposible. Costaría miles y miles de vidas y, sin duda, provocará la desaparición del castrismo, pero los historiadores se verán obligados a incrementar el número de páginas dedicadas a Fidel Castro y no faltarán los que lo juzguen como un líder excepcional, quizás equivocado, pero consecuente y valiente en la defensa de sus principios. Lamentablemente para el pueblo cubano, este final encaja perfectamente en la filosofía y trayectoria del dictador caribeño.

FICHAS

BIOGRAFICAS

ACLARACIONES SOBRE LA ESTRUCTURA DE LA INFORMACION CONTENIDA EN LAS FICHAS BIOGRAFICAS

Las informaciones y fotografías contenidas en las fichas biográficas de los miembros del Comité Central del Partido Comunista Cubano han sido obtenidas de la prensa y publicaciones cubanas y complementadas con el conocimiento directo del autor, que conoció, personalmente, a una gran parte de las personas analizadas. Cuando alguna información no se pudo obtener de una fuente verificable, se ha eliminado el punto de la ficha. Sólo se han realizado algunos estimados en el punto las fechas de nacimientos y, en esos casos, se ha marcado un asterisco a la derecha de las mismas. A continuación el contenido general de los datos suministrados en cada ficha:

Lugar de Nacimiento: Se consigna el lugar de nacimiento según la estructura provincial de la República de Cuba vigente hasta 1975

Fecha de Nacimiento: Se consigna el año de nacimiento.

Raza: Se utilizan las clasificaciones de Blanca, Mestiza y Negra.

Nivel Escolar: Se emplean las clasificaciones de Universitario y Medio.

Especialidad: Se usa el nombre con que las especialidades son definidas en los Centros de Enseñanza Superior en Cuba

Vinculación Política antes de 1959: Se consignan las organizaciones políticas fundamentales a que estuvo vinculada la persona antes de 1959 para dar una idea de sus antecedentes político-ideológicos antes de tomar el poder el actual régimen.

Vinculación Política después de 1959: Se describe la trayectoria política fundamental de la persona, para facilitar la comprensión de su evolución dentro del actual régimen.

Esfera de Influencia: Se consigna la esfera fundamental donde tiene influencia la actividad que desempeña la persona en la actualidad.

Trayectoria Laboral: Los diferentes cargos ocupados desde 1959 hasta 1989.

Cargos en 1989: La posición política y laboral ostentada en 1989. En los principales dirigentes, esta información está actualizada hasta agosto de 1989.

Subordinación Directa: Los funcionarios fundamentales a que está directamente subordinada la persona en la actualidad. Sólo se consignan aquellos con los que existe una relación de trabajo sistemática y en los principales dirigentes.

Comentario: Aspectos aclaratorios y complementarios sobre la posición actual de la persona dentro de la jerarquía cubana. Sólo se brinda esta información en los principales dirigentes.

Nivel: Se brinda una clasificación jerárquica de los miembros del Comité Central con la siguiente estructura:

- 1- La Elite
- 2- Los que sólo influyen en áreas muy especializadas
- 3- Los que sólo influyen en territorios específicos
- H- Los dirigentes históricos que no ocupan una posición realmente importante en la actualidad
- S- Los que han sido separados de los cargos que motivaron su inclusión en el Comité Central
- F- Los miembros formales que integraron el Comité Central para darle representatividad al mismo sin ostentar ningún poder real

En las clasificaciones 1, 2 y 3 se realizan subdivisiones adicionales para enmarcar y clarificar, al máximo posible, los niveles de importancia. Los clasificados bajo las subdivisiones 2.3, 3.3 y 3.4, además de, por supuesto, los que caen bajo las denominaciones H, S y F, son, como norma, figuras de muy poca relevancia en la estructura de poder actual en Cuba.

LAS DEFINICIONES POLITICO-ADMINISTRATIVAS UTILIZADAS EN LAS FICHAS BIOGRAFICAS

Como se conoce, en 1975, la estructura político administrativa de la República de Cuba fue modificada pasándose de seis provincias a catorce y un municipio especial. En los datos que se brindan se utiliza la división existente en el momento en que ocurrió el hecho. Todos las informaciones geográficas referidas a acontecimientos anteriores a 1975 se expresan en términos de las seis antiguas provincias y los posteriores de acuerdo a la vigente después de esa fecha. Para facilitar la comprensión de este aspecto, a continuación se detallan ambas estructuras y su comparación:

PROVINCIAS

HASTA 1975	POSTERIOR A 1975
Pinar del Río	Pinar del Río
La Habana	Ciudad Habana
	La Habana
	Municipio Especial de la Isla de la Juventud (Isla de Pinos)
Matanzas	Matanzas
Las Villas	Villa Clara
	Cienfuegos
	Sancti Spíritus
Camagüey	Camagüey
	Ciego de Avila
Oriente	Las Tunas
	Holguín
	Granma (comprende los territorios de Bayamo y Manzanillo)
	Santiago de Cuba
	Guantánamo

Para aligerar la lectura, se ha eliminado, en la mayoría de los casos, la palabra provincia, región o municipio (las dos divisiones territoriales inferiores a la provincia) delante de los nombre de los mismos, dando, por tanto, esa descripción como sobreentendida. Cuando la referencia es a un municipio o región que se identifica con el mismo nombre que el de la provincia, entonces sí se especifica este concepto.

MIEMBROS EFECTIVOS DEL COMITE CENTRAL

MIEMBROS

ELECTIVOS

DEL

COMITÉ CENTRAL

ACEVEDO GONZALEZ, ROGELIO

Lugar de Nacimiento: Las Villas
Fecha de Nacimiento: 1942 *
Raza: Blanca
Nivel Escolar: Universitario
Especialidad: Ciencias Militares

Vinculación Política antes de 1959:

- Movimiento 26 de Julio
- Combatiente de la Sierra Maestra

Vinculación Política después de 1959:

1959, Organizaciones Revolucionarias Integradas
1962, Partido Unido de la Revolución Socialista
1965, Miembro Efectivo del Comité Central

Esfera de Influencia: Militar

Trayectoria laboral:

1959, Jefe del Estado Mayor de las Milicias Nacionales
1964, Jefe del Ejército del Centro
1967, Jefe del Ejército Juvenil del Trabajo
1968, Jefe del Ejército Oriental
1969, Delegado del Buró Político en Camagüey
1972, Viceministro de las Fuerzas Armadas a cargo de la Retaguardia
1975, Responsable del suministro bélico a fuerzas en el extranjero
1975   Jefe del Estado Mayor de la Misión Militar Cubana en Angola
1979, Estudiante en la Academia del Estado Mayor de la Unión Soviética
1981, Jefe del Ejército Oriental
1983, Viceministro de las Fuerzas Armadas a cargo de la Retaguardia Central
1985, Viceministro de las Fuerzas Armadas a cargo del trabajo político
1989, Director del Instituto de Aviación Civil de Cuba

Cargos en 1989:

- Miembro Efectivo del Comité Central
- Viceministro de las Fuerzas Armadas a cargo del trabajo político
- Director del Instituto de Aviación Civil de Cuba
- General de División

Subordinación directa: Raúl Castro Ruz

Comentario: Este general, combatiente de la Sierra Maestra cuando apenas contaba 15 años, es uno de los preferidos de Raúl Castro. Actualmente es Viceministro de las Fuerzas Armadas a cargo de la importante Dirección Política. Durante el proceso del Narcotráfico, en julio de 1989, fue nombrado, al frente del Instituto de Aviación Civil, con el claro objetivo de evitar cualquier intento de uso de la aviación por parte de aliados y simpatizantes de los oficiales encausados. Es de esperar que continúe su línea ascendente e integre próximamente el Buró Político, así como que sea promovido dentro de la estructura militar.

Nivel: 1.2

ACOSTA CORDERO, ARMANDO

Lugar de Nacimiento: Las Villas
Fecha de Nacimiento: 1922 *
Raza: Blanca
Nivel Escolar: Universitario
Especialidad: Ciencias Políticas

Vinculación Política antes de 1959:

- Partido Socialista Popular
- Combatiente de la Sierra Maestra

Vinculación Política después de 1959:

1959, Organizaciones Revolucionarias Integradas
1962, Partido Unido de la Revolución Socialista
1965, Miembro Efectivo del Comité Central
1980, Miembro Suplente del Buró Político

Esfera de Influencia: Política

Trayectoria laboral:

1959, Miembro de la Comisión Organizadora del Ejército de Oriente
1959, Miembro de la Comisión Organizadora de las Organizacines Revolucionarias Integradas
1963, Jefe del Ejército de Oriente
1965, Primer Secretario del Partido en Oriente
1968, Funcionario de la Dirección Política de las Fuerzas Armadas
1975, Sub-Director del Departamento de Orientación Revolucionaria del Comité Central

1976, Jefe del Departamento de Organizaciones de Masas del Comité Central
1980, Coordinador Nacional de los Comités de Defensa de la Revolución

Cargos en 1989:

- Miembro Efectivo del Comité Central
- Coordinador Nacional de los Comités de Defensa de la Revolución
- Miembro del Consejo de Estado

Subordinación Directa: Raúl Castro Ruz
José Ramón Machado Ventura

Comentario: A pesar de estar al frente de una de las organizaciones clave en Cuba para el control y manipulación de las masas, los Comités de Defensa de la Revolución, el hecho de no haber sido ratificado como miembro suplente del Buró Político, cargo que ocupó desde 1980 a 1986, evidencia que Acosta no está sólidamente ubicado en el primer nivel de dirección en Cuba.

Nivel: 1.3

ACOSTA SANTANA, JOSE

Fecha de Nacimiento: 1941 *
Raza: Blanca
Nivel Escolar: Universitario
Especialidad: Economía

Vinculación Política después de 1959:

1986, Miembro Efectivo del Comité Central

Esfera de Influencia: Política

Trayectoria laboral:

1961, Estudiante de Ciencias Económicas en la Unión Soviética
1966, Profesor de Economía en la Universidad de La Habana y en la Escuela Superior del Partido
1972, Miembro de la Comisión del Nuevo Sistema de Dirección y Planificación de la Economía
1976, Viceministro Primero del Comité Estatal de Finanzas
1981, Asesor de Raúl Castro
1983, Jefe del Departamento Económico del Comité Central

Cargos en 1989:

- Miembro Efectivo del Comité Central
- Jefe del Departamento Económico del Comité Central

Subordinación Directa: Lionel Soto

Comentario: La razón que motivó la inclusión de Acosta en el Comité Central fue su previo nombramiento como Jefe del Departamento Económico del Comité Central. Acosta llega a este cargo por la recomendación directa de su protector, Raúl Castro, a pesar de carecer de historial y prestigio para ello y, más aún, a pesar de haber sido uno de los principales miembros del equipo de Humberto Pérez, radicalmente purgado por Fidel Castro por haber tratado de introducir reformas económicas en el rígido sistema cubano. El dogmatismo implícito en el proceso de Rectificación de Errores, directamente auspiciado por Fidel Castro, deja poco margen para la definición de políticas económicas y mucho menos para alguien como Acosta que es un total advenedizo en los altos niveles.

Nivel: 2..2

AGUIRRE DEL CRISTO, SEVERO

Lugar de Nacimiento: La Habana
Fecha de Nacimiento: 1915 *
Raza: Negra
Nivel Escolar: Universitario
Especialidad: Ingeniería Agronómica

Vinculación Política antes de 1959:

- Partido Socialista Popular

Vinculación Política después de 1959:

1959, Organizaciones Revolucionarias Integradas
1962, Partido Unido de la Revolución Socialista
1965, Miembro Efectivo del Comité Central

Esfera de Influencia: Política

Trayectoria laboral:

1959, Miembro del Ejecutivo de las Organizaciones Revolucionarias Integradas
1962, Miembro de la Dirección del Partido Unido de la Revolución Socialista

1965, Primer Secretario del Partido en Camagüey
1971, Decano de la Facultad de Agropecuaria de la Universidad de La Habana
1973, Embajador en la Unión Soviética
1981, Presidente del Movimiento Cubano por la Paz
1986, Vicepresidente de la Asamblea Nacional del Poder Popular
1987, Presidente en funciones de la Asamblea Nacional del Poder Popular

Cargos en 1989:

- Miembro Efectivo del Comité Central
- Presidente en funciones de la Asamblea Nacional del Poder Popular
- Miembro del Consejo de Estado

Subordinación Directa: Raúl Castro Ruz
José Machado Ventura

Comentario: Este viejo comunista, después de superar el período de ostracismo en que se vio sumido, debido a las consecuencias del proceso de la "microfracción", comenzó a escalar posiciones, siendo nombrado embajador en la Unión Soviética y posteriormente Vicepresidente de la Asamblea Nacional del Poder Popular. A la muerte de Flavio Bravo, Presidente de esta institución, asumió este importante cargo. No obstante, debido a su avanzada edad y al caracter tan formal de la Asamblea Nacional Cubana, totalmente carente de independencia, Severo Aguirre se limita a cubrir la forma y a controlar aspectos de procedimiento en el "parlamento" cubano.

Nivel: 1.3

ALDANA ESCALANTE, CARLOS

Lugar de Nacimiento: Camagüey
Fecha de Nacimiento: 1942
Raza: Blanca
Nivel Escolar: Universitario
Especialidad: Periodismo

Vinculación Política antes de 1959:

- Movimiento 26 de Julio
- Combatiente del Ejército Rebelde

Vinculación Política posterior a 1959:

1963, Unión de Jóvenes Comunistas
1965, Partido Comunista de Cuba
1965, Miembro del Buró Nacional de la Unión de Jovenes Comunistas
1980, Miembro Efectivo del Comité Central
1986, Miembro del Secretariado del Comité Central

Esfera de Influencia: Política

Trayectoria Laboral:

1961, Estudios Militares en la Unión de Repúblicas Socialistas Soviéticas
1962, Segundo Jefe de la Dirección Política de la Marina de Guerra
— Responsablede la Unión de Jovenes Comunistas en las Fuerzas Armadas
— Miembro de la Comisión Política del Partido en la Fuerzas Armadas
1970, Estudiante de la Academia Militar "General Máximo Gómez"
1973, Segundo Jefe del Departamento de Orientación Revolucionaria del Comité Central
1975, Jefe de Divulgación y Propaganda de las Tropas Cubanas en Angola
1979, Jefe de Despacho del Segundo Secretario del Comité Central
1986, Miembro del Secretariado del Comité Central a cargo del Departamento de Orientación Revolucionaria

Cargos en 1989:

- Miembro Efectivo del Comité Central
- Miembro del Secretariado del Comité Central a cargo del Departamento de Orientación Revolucionaria

Subordinación directa: Raúl Castro Ruz
José Ramón Machado Ventura

Comentario: El meteórico ascenso de Aldana a las primeras posiciones del Partido, no deja de sorprender a muchos, inclusive dentro de la alta dirigencia en Cuba. Aldana se ha convertido en el Jefe del Departamento de orientación Revolucionaria que tiene a su cargo el control de los medios de difusión y propaganda y articula las campañas ideológicas a la población. Su promotor es el mismo Raúl Castro, por lo que es de esperar que su línea ascendente continúe.

Nivel: 1.2

ALEMAÑY AGUILERA, NIEVES

Lugar de Nacimiento: Oriente
Fecha de Nacimiento: 1945 *
Raza: Mestiza

Vinculación política después de 1959:

1986,   Miembro Efectivo del Comité Central

Esfera de Influencia: Política

Cargos en 1989:

- Miembro Efectivo del Comité Central
- Secretaria General de la Federación de Mujeres Cubanas en Guantánamo

Subordinación Directa: Raúl Michel Vargas
                         Pedro Ross Leal

Comentario: Pertenece al Comité Central para darle representatividad en el mismo a las organizaciones de masas provinciales y a las mujeres

Nivel: 3.4

ALFONSO GONZALEZ, DAMIAN

Lugar de Nacimiento: La Habana
Fecha de Nacimiento: 1933
Raza: Blanca
Nivel Escolar: Universitario
Especialidad: Ciencias Políticas

Vinculación Política antes de 1959:

- Juventud Socialista Popular
- Partido Socialista Popular

Vinculación Política después de 1959:

1959,   Asociación de Jóvenes Rebeldes
1962,   Partido Unido de la Revolución Socialista

1965,   Partido Comunista de Cuba
1980,   Miembro Suplente del Comité Central
1986,   Miembro Efectivo del Comité Central

Esfera de Influencia: Política

Trayectoria laboral:

1959,   Secretario Organizador de la Asociación de Jóvenes Rebeldes
1962,   Funcionario del Partido Unido de la Revolución Socialista
1966,   Director del Plan Cunícula
1967,   Secretario Agropecuario del Buró del Partido en La Habana
1967,   Ayudante del Ministro de la Industria Alimenticia
1968,   Delegado del Ministerio de la Industria Básica en Camagüey
1969,   Dirigente en la Empresa Láctea del Ministerio de la Industria Alimenticia
1972,   Jefe de Ganadería en La Habana.
1974,   Delegado del Ministerio de Agricultura en La Habana
1979,   Delegado del Ministerio de la Agricultura en la provincia Granma
1980,   Primer Secretario del Partido en la provincia de Granma

Cargos en 1989:

-   Miembro Efectivo del Comité Central
-   Primer Secretario del Partido en la provincia de Granma

Subordinación Directa: Raúl Castro Ruz
                             José Ramón Machado Ventura

Comentario: Su esfera de influencia está limitada a la provincia que dirige

Nivel: 3.2

ALMEIDA BOSQUE, JUAN

Lugar de Nacimiento:	La Habana
Fecha de Nacimiento:	1927
Raza:	Mestiza
Nivel Escolar:	Universitario
Especialidad:	Periodismo

Vinculación Política antes de 1959:

- Movimiento 26 de Julio
- Combatiente de la Sierra Maestra

Vinculación Política después de 1959:

1959,   Organizaciones Revolucionarias Integradas
1962,   Partido Unido de la Revolución Socialista
1965,   Miembro efectivo del Comité Central
1965,   Miembro del Buró Político

Esfera de Influencia: Política

Trayectoria laboral:

1959,   Jefe del Ejército Central
1963,   Viceministro de las Fuerzas Armadas
1969,   Jefe del Sector de la Construcción
1970,   Delegado del Buró Político en Oriente
1976,   Presidente de la Comisión de Revisión y Control del Partido

Cargos en 1989:

- Miembro del Buró Político
- Miembro Efectivo del Comité Central
- Presidente de la Comisión de Revisión y Control del Partido
- Miembro del Consejo de Estado

Subordinación directa: Raúl Castro Ruz

Comentario: El control real del Departamento que dirige está a cargo de su segundo, Omar Iser Mojena, y Almeida ya no realiza una activa labor dentro del mismo. La razón por la cual permanece en el Buró Político hay que buscarla en que es uno de los dirigentes que cuenta con más simpatías en el pueblo y resulta conveniente mantenerlo en esa alta instancia, así como que representa el único dirigente histórico de la raza negra de la revolución.

Nivel: H

ALVAREZ CAMBRAS, RODRIGO

Lugar de Nacimiento:	La Habana
Fecha de Nacimiento:	1934
Raza:	Blanca
Nivel Escolar:	Universitario
Especialidad:	Medicina

Vinculación Política antes de 1959:

- Movimiento 26 de Julio

Vinculación Política después de 1959:

1964, Partido Unido de la Revolución Socialista
1965, Partido Comunista de Cuba
1980, Miembro Suplente del Comité Central
1986, Miembro Efectivo del Comité Central

Esfera de Influencia: —

Trayectoria laboral:

1959, Jefe de inspectores sanitarios de Puertos y Aeropuertos
1962, Médico Ortopédico y profesor Universitario
1972, Director del Hospital Ortopédico Nacional "Frank País"

Cargos en 1989:

- Miembro Efectivo del Comité Central
- Director del Hospital Ortopédico "Frank País"

Subordinación Directa: Julio Teja Pérez

Comentario: Su alto nivel profesional lo han llevado a ser una figura de renombre que atiende a figuras de alto nivel, entre ellos y especialmente, a Fidel Castro.

Nivel: F

ALVAREZ DE LA NUEZ, LUIS

Lugar de Nacimiento: La Habana
Fecha de Nacimiento: 1938
Raza: Blanca
Nivel Escolar: Universitario
Especialidad: Ciencias Políticas

Vinculación Política antes de 1959:

- Movimiento 26 de Julio

Vinculación Política posterior a 1959:

1962, Partido Unido de la Revolución Socialista
1965, Partido Comunista de Cuba
1980, Miembro Efectivo del Comité Central
1986, Miembro Suplente del Buró Político

Esfera de Influencia: Política

Trayectória Laboral:

1962, Director de la Escuela de Instrucción Revolucionaria de Matanzas
1962, Funcionario del Partido Unido de la Revolución Socialista en Matanzas
1966, Funcionario del Partido en Matanzas
1975, Presidente de la Comisión para la Implantación de la Division Político- Administrativa y la Constitución del Poder Popular en La Habana
1976, Primer Secretario del Partido en La Habana
1976, Miembro del Comité Nacional de Control y Revisión del Partido
1987, Primer Secretario del Partido la Provincia de Matanzas

Cargos en 1989:

- Miembro Suplente del Buró Político
- Miembro Efectivo del Comité Central
- Primer Secretario del Partido en Matanzas

Subordinación Directa: Raúl Castro Ruz
José Ramón Machado Ventura

Comentario: La carrera de este cuadro profesional del Partido ha sido, ininterrumpidamente ascendente y aunque la acción de haber sido incluído como suplente del Buró Político puede ser considerada, más como una formalidad que como una otorgación real de poder, la solidez de su trayectoria lo hacen un candidato lógico para futuras promociones. Por el momento, su esfera de acción está limitada a la provincia de Matanzas.

Nivel: 3.1

ALVAREZ GIL, ABELARDO

Fecha de Nacimiento: 1932 *
Raza: Blanca

Vinculación Política después de 1959:

1986, Miembro Efectivo del Comité Central

Esfera de Influencia: Política

Cargos en 1989:

- Miembro efectivo del Comité Central
- Jefe del Departamento de Organización del Comité Central

Subordinación Directa: José Ramón Machado Ventura

Comentario: El departamento que dirige en el Comité Central, atiende los aspectos de normas y procedimientos de trabajo de la estructura del Partido.

Nivel: 2.2

ARAGONES NAVARRO, EMILIO

Lugar de Nacimiento: La Habana
Fecha de Nacimiento: 1923
Raza: Blanca
Nivel Escolar: Universitario

Vinculación Política antes de 1959:

- Movimiento 26 de Julio

Vinculación Política después de 1959:

1959, Organizaciones Revolucionarias Integradas
1962, Partido Unido de la Revolución Socialista
1965, Miembro Efectivo del Comité Central

Esfera de Influencia: —

Trayectoria laboral:

1959, Secretario Organizador de las Organizaciones Revolucionarias Integradas
1962, Secretario Organizador del Partido Unido de la Revolución Socialista
1966, Ministro del Instituto Nacional de la Pesca
1972, Embajador en la República de Argentina
1984, Presidente del Banco Financiero Internacional
1987, Presidente de la Corporación CIMEX

Cargos en 1989:

Miembro Efectivo del Comité Central

Comentario: Sus cargos al frente del Banco Financiero Internacional y de la Corporación Cimex, estaban concebidos para que, a través de él se concentraran todas las operaciones comerciales y financieras clandestinas que realiza el Estado Cubano. Por ello, lógicamente fue destituído como resultado del escándalo del narcotráfico

Nivel: D

BALAGUER CABRERA, JOSE RAMON

Lugar de Nacimiento:	Oriente
Fecha de Nacimiento:	1935 *
Raza:	Blanca
Nivel Escolar:	Universitario
Especialidad:	Ciencias Militares
	Ciencias Políticas

Vinculación Política anterior a 1959:

- Movimiento 26 de Julio
- Combatiente del Ejército Rebelde

Vinculación Política posterior a 1959:

1959, Organizaciones Revolucionarias Integradas
1962, Partido Unido de la Revolución Socialista
1965, Partido Comunista de Cuba
1975, Miembro Efectivo del Comité Central
1986, Miembro del Secretariado del Comité Central

Esfera de Influencia: Política

Trayectória Laboral:

1960, Oficial del Ejercito de La Habana
1965, Jefe de Sanidad Militar de las Fuerzas Armadas
1970, Jefe de Servicios Generales del Ejercito de La Habana
1973, Jefe de Construcciones Militares de las Fuerzas Armadas
1975, Primer Secretario del Partido en Santiago de Cuba
1986, Miembro del Secretariado del Comité Central a cargo de la Educación, Ciencia y Cultura

Cargos en 1989:

- Miembro Efectivo del Comité Central
- Miembro del Secretariado del Comité Central a cargo de la Educación, Ciencia y Cultura
- Miembro del Consejo de Estado

Subordinación Directa: José Ramón Machado Ventura

Comentario: Atiende los sectores de Educación, Ciencia y Cultura, sólidamente representados por José Ramón Fernández y Armando Hart, ambos miembros del Buró Político.

Nivel: 2.1

BALBOA MONZON, ARGELIA

Lugar de Nacimiento: Las Villas
Fecha de Nacimiento: 1943
Raza: Blanca
Nivel Escolar: Universitario
Especialidad: Ingeniería Química

Vinculación Política antes de 1959:

- Movimiento 26 de Julio

Vinculación Política después de 1959:

1959, Asociación de Jóvenes Rebeldes
1962, Unión de Jóvenes Comunistas
1965, Partido Comunista de Cuba
1980, Miembro Suplente del Comité Central
1986, Miembro Efectivo del Comité Central

Esfera de Influencia: Administrativa

Trayectoria laboral:

1959, Trabajadora bancaria
1965, Trabajadora administrativa de un Central Azucarero
1978, Especialista en Termotécnica en la Delegación de Cienfuegos del Ministerio del Azúcar
1981, Miembro del Equipo de Coordinación y Apoyo del "Comandante en Jefe"

Cargos en 1989:

- Miembro Efectivo del Comité Central
- Miembro del Equipo de Coordinación y Apoyo del "Comandante en Jefe"

Subordinación Directa: Fidel Castro Ruz
José Naranjo Morales

Comentario: Todos los miembros del "Equipo de Coordinación y apoyo", por su estrecha relación con el máximo nivel, son candidatos a promociones, especialmente en el área administrativa

Nivel: 2.1

BARREIRO CARAMES, LUIS

Lugar de Nacimiento: La Habana
Fecha de Nacimiento: 1941
Raza: Blanca

Vinculación Política antes de 1959:

-   Movimiento 26 de Julio

Vinculación Política después de 1959:

1971,   Partido Comunista de Cuba
1980,   Miembro Efectivo del Comité Central

Esfera de Influencia: —

Trayectoria laboral:

1959,   Oficial de la Seguridad del Estado
1970,   Director de la Flota Camaronera del Sur en el Instituto de la Pesca
1972,   Ayudante personal de Ramiro Valdés
1979,- Jefe de Ayudantía del Ministerio del Interior
1981,   Viceministro, Jefe del Estado Mayor Central del Ministerio del Interior
1984,   Viceministro, Jefe de la Dirección General de Inteligencia del Ministerio del Interior

Cargos en 1989:

-   Miembro Efectivo del Comité Central
-   General de Brigada

Comentario: La separación de sus cargos, en julio de 1989, como resultado del escándalo del narcotráfico, parece terminar con una meteórica carrera que tuvo su razón fundamental en una estrecha amistad con Ramiro Valdés. Es de esperar que Barreriro no vuelva a integrar el Comité Central, así como a ocupar cargos de importancia.

Nivel: D

BATISTA SANTANA, SIXTO

Lugar de Nacimiento: Oriente
Fecha de Nacimiento: 1927 *
Raza: Blanca
Nivel Escolar: Universitario
Especialidad: Ciencias Militares

Vinculación Política antes de 1959:

- Movimiento 26 de Julio
- Combatiente del Ejército Rebelde

Vinculación Política posterior a 1959:

1959, Organizaciones Revolucionarias Integradas
1962, Partido Unido de la Revolución Socialista
1965, Partido Comunista de Cuba
1975, Miembro Efectivo del Comité Central
1980, Miembro Suplente del Buró Político
1986, Miembro del Secretariado del Comité Central

Esfera de Influencia: Política

Trayectória Laboral:

1959, Oficial a cargo de tareas organizativas en las Fuerzas Armadas
1970, Viceministro de las Fuerzas Armadas para la Preparación Militar
1974, Jefe de la Sección Política del Ejército de la Habana
1975, Viceministro de las Fuerzas Armadas para el trabajo político
1984, Miembro del Secretariado del Comité Central a cargo del Departamento Militar

Cargos en 1989:

- Miembro Efectivo del Comité Central
- Miembro del Secretariado del Comité Central a cargo del Departamento Militar
- General de División

Subordinación Directa: Raúl Castro Ruz
José Ramón Machado Ventura

Comentario: La dirección y el control político de las Fuerzas Armadas en Cuba no se realiza en otro lugar que no sea dentro de las mismas Fuerzas Armadas. Por ello, el Departamento Militar del Comité Central nunca ha sido más que un formulismo, copiado de la estructura soviética.

Nivel: H

BEATO MOREJON, FAUSTINO

Lugar de Nacimiento: Matanzas
Fecha de Nacimiento: 1934 *
Raza: Blanca

Vinculación Política después de 1959:

1986,   Miembro Efectivo del Comité Central

Esfera de Influencia: Diplomática

Trayectoria laboral:

1975,   Jefe de Sección del Comité Central
1976,   Presidente del Poder Popular de Matanzas
1987,   Embajador en Hungría

Cargos en 1989:

- Miembro Efectivo del Comité Central
- Embajador en Hungría

Subordinación Directa: Isidoro Malmierca
                             Jesús Montané

Nivel: 3.3

BENAVIDES RODRIGUEZ, JOAQUIN

Lugar de Nacimiento: Matanzas
Fecha de Nacimiento: 1936
Raza: Blanca
Nivel Escolar: Universitario
Especialidad: Economía

Vinculación Política antes de 1959:

- Movimiento 26 de Julio

Vinculación Política después de 1959:

1959, Organizaciones Revolucionarias Integradas
1962, Partido Unido de la Revolución Socialista
1965, Partido Comunista de Cuba
1980, Miembro Suplente del Comité Central
1986, Miembro Efectivo del Comité Central

Esfera de Influencia: Administrativa

Trayectoria laboral:

1961, Funcionario político en Matanzas
1965, Viceministro del Ministerio del Trabajo
1967, Delegado del Ministerio del Trabajo en Oriente
1973, Jefe de Sección en el Departamento Económico del Comité Central
1975, Segundo Jefe del Departamento Económico del Comité Central
1977, Jefe del Departamento Económico del Comité Central
1980, Ministro-Presidente del Comité Estatal del Trabajo
1986, Ministro-Presidente de la Comisión Nacional de Perfeccionamiento del Sistema de Dirección y Planificación de la Economía

Cargos en 1989:

- Miembro Efectivo del Comité Central
- Ministro-Presidente de la Comisión Nacional de Perfeccionamiento del Sistema de Dirección y Planificación de la Economía

Subordinación Directa: Osmany Cienfuegos

Comentario: Su papel es realmente limitado, al ser la máxima autoridad en la implantación de mecanismos económicos en un país donde no se respetan esos principios.

Nivel: 2.1

BERMUDEZ CUTIÑO, JESUS

Lugar de Nacimiento: Oriente
Fecha de Nacimiento: 1935
Raza: Blanca
Nivel Escolar: Universitario
Especialidad: Ciencias Militares

Vinculación Política antes de 1959:

- Movimiento 26 de Julio
- Combatiente del Ejército Rebelde

Vinculación Política después de 1959:

1965, Partido Comunista deCuba
1980, Miembro Efectivo del Comité Central

Esfera de Influencia: Seguridad del Estado (Inteligencia)

Trayectoria laboral:

1959, Oficial del Departamento de Inteligencia del Ejército Rebelde
1961, Oficial de Contrainteligencia de las Fuerzas Armadas
1975, Jefe de la Contrainteligencia Militar en Angola
1978, Estudiante en la academia del Estado Mayor de la Unión Soviética
1979, Jefe de la Dirección de Inteligencia de las Fuerzas Armadas
1989, Jefe de Inteligencia en el Ministerio del Interior

Cargos en 1989:

- Miembro Efectivo del Comité Central
- Jefe de Inteligencia en el Ministerio del Interior
- General de División

Subordinación Directa: Abelardo Colomé

Comentario: En el marco de los reajustes derivados del escándalo del narcotráfico, en Julio de 1989, pasó al Ministerio del Interior al frente de la Inteligencia de ese organismo. Conforma actualmente, con Colomé Ibarra y Fernández Gondín, la suprema trilogía a cargo del control represivo en Cuba.

Nivel: 1.2

BERNAL CAMERO, JOAQUIN

Lugar de Nacimiento: Las Villas
Fecha de Nacimiento: 1940 *
Raza: Blanca

Vinculación Política después de 1959:

1980, Miembro Suplente del Comité Central
1986, Miembro Efectivo del Comité Central

Esfera de Influencia: Política

Trayectoria laboral:

- — Funcionario del Ministerio de la agricultura en Sancti Spíritus
- — Funcionario del Ministerio del Azúcar en Sancti Spíritus
- — Funcionario del Partido en Sancti Spíritus
- 1976, Primer Secretario del Partido en Sancti Spiritus
- 1989, Miembro de la Comisión Preparatoria del XVI Congreso de la Central de Trabajadores

Cargos en 1989:

- Miembro Efectivo del Comité Central
- Miembro de la Comisión Preparatoria del XVI Congreso de la Central de Trabajadores

Subordinación Directa: Raúl Castro Ruz
José Ramón Machado Ventura

Comentario: Fue trasladado de su cargo de Primer Secretario del Partido en Sancti Spíritus para integrar la Comisión Preparatoria del Congreso Obrero lo que indica que va a ocupar el cargo de Segundo Secretario de dicha Organización, subordinado a Pedro Ross.

Nivel: 2.2

BETANCOURT CRUCES, URBELINO

Lugar de Nacimiento: Oriente
Fecha de Nacimiento: 1941 *
Raza: Blanca
Nivel Escolar: Universitario
Especialidad: Ciencias Militares

Vinculación Política antes de 1959:

- Movimiento 26 de Julio
- Combatiente del Ejército Rebelde

Vinculación Política después de 1959:

1980,   Miembro Suplente del Comité Central
1986,   Miembro Efectivo del Comité Central

Esfera de Influencia: Militar

Trayectoria laboral:

1959,   Oficial de las Fuerzas Armadas
1979,   Jefe de la Dirección de Operaciones del Estado Mayor General de las Fuerzas Armadas
1982,   Sustituto del Jefe del Estado Mayor General de las Fuerzas Armadas

Cargos en 1989:

- Miembro Efectivo del Comité Central
- Sustituto del Jefe del Estado Mayor General de las Fuerzas Armadas
- General de Brigada

Subordinación Directa: Ulises Rosales del Toro

Comentario: Es un hombre inteligente que complementa adecuadamente con su capacidad, la tenacidad y férrea disciplina que distinguen al General Ulises Rosales, Jefe del Estado Mayor General del Ministerio de las Fuerzas Armadas, en cuya instancia funge como segundo al mando.

Nivel: 2.1

CABALLERO CASANOVA, FRANCISCO

Fecha de Nacimiento: 1945 *
Raza: Negra
Nivel Escolar: Universitario
Especialidad: Medicina

Vinculación Política después de 1959:

1986,   Miembro Efectivo del Comité Central

Esfera de Influencia: —

Cargos en 1989:

- Miembro Efectivo del Comité Central
- Jefe del Departamento de Cirugía de la Facultad de Medicina del Hospital "Salvador Allende" en La Habana

Comentario: Su membresía en el Comité Central está encaminada a darle representatividad a los jóvenes profesionales negros

Nivel: F

CAMACHO AGUILERA, JULIO

Lugar de Nacimiento: Oriente
Fecha de Nacimiento: 1924
Raza: Blanca
Nivel Escolar: Universitario
Especialidad: Ciencias Políticas

Vinculación Política antes de 1959:

- Movimiento 26 de Julio

Vinculación Política después de 1959:

1965, Miembro efectivo del Comité Central
1980, Miembro del Buró Político

Esfera de Influencia: Diplomática

Trayectoria laboral:

1959, Ministro de Transportes
1961, Funciones políticas dentro de las Fuerzas Armadas
1968, Secretario del Partido en Pinar del Río
1979, Secretario del Partido en Ciudad de La Habana
1985, Secretario del Partido en Santiago de Cuba
1986, Embajador en la Unión Soviética

Cargos en 1989:

- Miembro del Buró Político
- Miembro efectivo del Comité Central
- Embajador en la Unión Soviética

Subordinación directa: Fidel Castro Ruz
                            Carlos Rafael Rodríguez

Comentario: En los últimos años, Camacho ha desarrollado su actividad limitado a marcos regionales. El permanecer en el extranjero, aún cuando sea en la Unión Soviética, lo mantiene alejado del centro fundamental de decisiones.

Nivel: 3.1

CANO BLANCO, JOSE

Lugar de Nacimiento:	Oriente
Fecha de Nacimiento:	1946
Raza:	Blanca
Nivel Escolar:	Universitario
Especialidad:	Periodismo

Vinculación Política después de 1959:

1964,   Unión de Jóvenes Comunistas
1969,   Partido Comunista de Cuba
1975,   Miembro Efectivo del Comité Central
1980,   Miembro Suplente del Buró Político

Esfera de Influencia: —

Trayectoria laboral:

1960,   Oficial del Ejército y de la Seguridad
1970,   Primer Secretario del Partido en el municipio de Guantánamo
1971,   Primer Secretario del Partido en el municipio de Baracoa
1973,   Primer Secretario del Partido en el municipio de Holguín
1976,   Primer Secretario del Partido en la provincia de Holguín

Cargos en 1989:

- Miembro Efectivo del Comité Central

Comentario: Su destitución, por supuestas deficiencias en su trabajo, confirma que el no haber sido ratificado en el Buró Político en el Congreso de 1986, no fue un hecho de rutina, sino que ya había perdido el favor de los hermanos Castro. Cano llegó a ser considerado con posibilidades de llegar a los máximos niveles por su carisma, juventud y ejecutividad, pero ahora, dentro del esquema actual, carece totalmente de posibilidades y su separación del Comité Central es sólo una cuestión de tiempo.

Nivel: D

CARCAÑO ARAUJO, DORA

Lugar de Nacimiento: Oriente
Fecha de Nacimiento: 1933 *
Raza: Blanca

Vinculación Política antes de 1959:

- Movimiento 26 de Julio
- Combatiente del Ejército Rebelde

Vinculación Política después de 1959:

1965, Partido Comunista de Cuba
1975, Miembro Suplente del Comité Central
1980, Miembro Efectivo del Comité Central

Esfera de Influencia: Política

Trayectoria laboral:

1965, Delegada de la Federación de Mujeres Cubanas Oriente
1968, Vicepresidenta de la Federación de Mujeres Cubanas
1979, Secretaria General de la Federación de Mujeres Cubanas

Cargos en 1989:

- Miembro Efectivo del Comité Central
- Secretaria General de la Federación de Mujeres Cubanas

Subordinación Directa: Vilma Espín

Comentario: Su permanencia en el Comité Central está directamente vinculada al cargo que ocupa.

Nivel: 2.1

CARDENAS GARCIA, TOMAS

Lugar de Nacimiento:	Las Villas
Fecha de Nacimiento:	1941 *
Raza:	Blanca
Nivel Escolar:	Universitario
Especialidad:	Economía

Vinculación Política después de 1959:

1986,   Miembro Efectivo del Comité Central

Esfera de Influencia: Política

Trayectoria laboral:

1976,   Presidente del Poder Popular en Villa Clara
1981,   Primer Secretario del Partido en Villa Clara

Cargos en 1989:

-    Miembro Efectivo del Comité Central
-    Primer Secretario del Partido en Villa Clara

Subordinación Directa: Raúl Castro Ruz
                             José Ramón Machado Ventura

Comentario: Su esfera de influencia está limitada a la provincia que dirige.

Nivel: 3.2

CARNEADO RODRIGUEZ, JOSE F.

Lugar de Nacimiento: Las Villas
Fecha de Nacimiento: 1910 *
Raza: Mestiza
Nivel Escolar: Universitario
Especialidad: Derecho

Vinculación Política antes de 1959:

- Partido Socialista Popular

Vinculación Política después de 1959:

1959, Organizaciones Revolucionarias Integradas
1962 Partido Unido de la Revolución Socialista
1965, Partido Comunista de Cuba
1975, Miembro Efectivo del Comité Central

Esfera de Influencia: Política

Trayectoria laboral:

1963, Director de Prensa Latina
1969, Vicepresidente de la Unión de Periodistas Cubanos
1970, Director de la Oficina de Asuntos Religiosos del Ministerio del Interior
1975, Jefe de la Sección de Asuntos Religiosos del Comité Central

Cargos en 1989:

- Miembro Efectivo del Comité Central
- Jefe de la Sección de Asuntos Religiosos del Comité Central

Subordinación Directa: Fidel Castro Ruz

Comentario: Atiende las relaciones con las Iglesias en Cuba y, en ese campo, es una verdadera autoridad con una estrecha relación con Fidel Castro, pero su avanzada edad y delicado estado de salud, hacen prever su inminente retiro.

Nivel: 2.2

CASAS REGUEIRO, JULIO

Lugar de Nacimiento:	Oriente
Fecha de Nacimiento:	1935
Raza:	Blanca
Nivel Escolar:	Universitario
Especialidad:	Ciencias Militares

Vinculación Política antes de 1959:

- Movimiento 26 de Julio
- Combatiente del Ejército Rebelde

Vinculación Política después de 1959:

1965,   Partido Comunista de Cuba
1975,   Miembro Suplente del Comité Central
1980,   Miembro Efectivo del Comité Central

Esfera de Influencia: Militar

Trayectoria laboral:

1959,   Oficial de la Policia Nacional Revolucionaria
1961,   Jefe de Servicios Logísticos de las Fuerzas Armadas
1966,   Jefe de la Retaguardia Central de las Fuerzas Armadas
1967,   Estudiante en la Escuela Superior de Guerra
1969,   Viceministro de las Fuerzas Armadas a cargo de la Retaguardia Central
1980,   Viceministro de las Fuerzas Armadas a cargo de la Fuerza Aérea
1986,   Viceministro de las Fuerzas Armadas a cargo del Control de Divisas

Cargos en 1989:

- Miembro Efectivo del Comité Central
- Viceministro de las Fuerzas Armadas a cargo del Control de Divisas
- General de División

Subordinación Directa: Raúl Castro
                             Ulises Rosales

Comentario: La sustitución de Julio Casas como Jefe de la Aviación y Defensa Antiaérea del país, para ser ubicado en un cargo administrativo dentro de las Fuerzas Armadas le ha distanciado del primer nivel de dirección, a pesar de que se le mantuvo el rango de Viceministro.

Nivel: 2.1

CASAS REGUEIRO, SENEN

Lugar de Nacimiento: Oriente
Fecha de Nacimiento: 1938 *
Raza: Blanca
Nivel Escolar: Universitario
Especialidad: Ciencias Militares

Vinculación Política antes de 1959:

- Movimiento 26 de Julio
- Combatiente del Ejército Rebelde

Vinculación Política posterior a 1959:

1959, Organizaciones Revolucionarias Integradas
1962, Partido Unido de la Revolución Socialista
1965, Partido Comunista de Cuba
1975, Miembro Efectivo del Comité Central
1980, Miembro Suplente del Buró Político

Esfera de Influencia: Administrativa

Trayectoria Laboral:

1959, Jefe del Ejército Independiente de Oriente
1965, Jefe del Estado Mayor de La Habana
1967, Jefe de los Estados Mayores Conjuntos de las Fuerzas Armadas
1971, Sustituto del Ministro de las Fuerzas Armadas
1989, Vicepresidente del Comité Ejecutivo del Consejo de Ministros y Ministro de Transportes

Cargos en 1989:

- Miembro Suplente del Buró Político
- Vicepresidente del Comité Ejecutivo del Consejo de Ministros y Ministro de Transportes
- General de División
- Miembro del Consejo de Estado

Subordinación Directa: Fidel Castro
                         Osmany Cienfuegos

Comentario: Si su ubicación como Ministro de Transportes, no es una medida emergente y temporal debido a la destitución y encarcelamiento de Diocles Torralba, indirectamente vinculado al escándalo del narcotráfico, ello significa el fin de Casas como cuadro de primera línea, porque de la actividad de transportes, en Cuba, es imposible emerger como triunfador.

Nivel: 1.2

CASTRO RUZ, FIDEL

Lugar de Nacimiento:	Oriente
Fecha de Nacimiento:	1926
Raza:	Blanca
Nivel Escolar:	Universitario
Especialidad:	Derecho

Vinculación Política antes de 1959:

- Partido Ortodoxo
- Jefe del Movimiento 26 de Julio
- Comandante en Jefe del Ejército Rebelde

Vinculación Política después de 1959:

1959, Primer Secretario de las Organizaciones Revolucionarias Integradas
1962, Primer Secretario del Partido Unido de la Revolución Socialista
1965, Primer Secretario del Partido Comunista y miembro del Comité Central, del Secretariado y del Buró Político

Esfera de Influencia: Total

Trayectoria laboral:

1959, Comandante en Jefe del Ejército
1959, Primer Ministro
1959, Primer Secretario de las Organizaciones Revolucionarias Integradas
1962, Primer Secretario del Partido Unido de la Revolución Socialista
1965, Primer Secretario del Partido Comunista y miembro del Comité Central, del Secretariado y del Buró Político
1975, Presidente del Consejo de Estado y de Ministros

Cargos en 1989:

- Comandante en Jefe de las Fuerzas Armadas
- Primer Secretario del Partido Comunista
- Presidente de los Consejos de Estado y de Ministros

Comentario: Aunque conocido y repetido, no por ello puede dejar de reafirmarse en el contexto de este análisis: Fidel Castro encarna la concentración absoluta del poder en Cuba. Cualquier análisis que se quiera hacer sobre las estructuras de poder en Cuba tiene que partir de esta aplastante realidad que, de hecho, condiciona totalmente, tanto a los hombres que integran el equipo de dirección, como al sistema institucional que existe en Cuba.

Nivel: 1

CASTRO RUZ, RAUL

Lugar de Nacimiento:	Oriente
Fecha de Nacimiento:	1931
Raza:	Blanca
Nivel Escolar:	Universitario
Especialidad:	Ciencias Militares

Vinculación Política antes de 1959:

- Juventud Socialista Popular
- Movimiento 26 de Julio
- Combatiente de la Sierra Maestra, Jefe del Segundo Frente Oriental

Vinculación Política después de 1959:

1959, Organizaciones Revolucionarias Integradas
1962, Partido Unido de la Revolución Socialista
1965, Segundo Secretario del Partido
1965, Miembro efectivo del Comité Central,
1965, Miembro del Buró Político

Esfera de Influencia: Política-Militar

Trayectoria laboral:

1959, Ministro de las Fuerzas Armadas
1965, Segundo Secretario del Partido Comunista

1975,   Vicepresidente de los Consejos de Estado y de Ministros

Cargos en 1989:

- Ministro de las Fuerzas Armadas
- Segundo Secretario del Partido Comunista
- Vicepresidente de los Consejos de Estado y de Ministros

Subordinación directa: Fidel Castro Ruz

Comentario: Durante los treinta años de Gobierno de Fidel Castro en Cuba, Raúl se ha dedicado, fundamentalmente, a organizar y controlar dos actividades básicas del modelo cubano: Las Fuerzas Armadas y el Partido. Al extender su control sobre el Ministerio del Interior, como resultado del escándalo del narcotráfico, el segundo hombre de Cuba ha consolidado sensiblemente su poder y control dentro de la sociedad cubana.

Nivel: 1.1

CHAVEZ GONZALEZ, PEDRO

Lugar de Nacimiento: La Habana
Fecha de Nacimiento: 1940 *
Raza: Blanca
Nivel Escolar: Universitario
Especialidad: Ciencias Políticas

Vinculación Política después de 1959:

1963,   Partido Unido de la Revolución Socialista
1965,   Partido Comunista de Cuba
1986,   Miembro Efectivo del Comité Central

Esfera de Influencia: Administrativa

Trayectoria laboral:

1960,   Funcionario político en municipios de La Habana
1969,   Jefe del Departamento de Construcciones del Partido en La Habana
1975,   Presidente del Poder Popular en La Habana
1986,   Presidente del Poder Popular en la Ciudad de La Habana

Cargos en 1989:

- Miembro Efectivo del Comité Central
- Presidente del Poder Popular en la Ciudad de La Habana
- Miembro del Consejo de Estado

Subordinación Directa: Jorge Lezcano
Faustino Pérez
Severo Aguirre

Comentario: Su esfera de influencia está limitada a la provincia que dirige

Nivel: 3.2

CHOMON MEDIAVILLA, FAURE

Lugar de Nacimiento: La Habana
Fecha de Nacimiento: 1926
Raza: Mestiza

Vinculación Política antes de 1959:

- Movimiento Socialista Revolucionario
- Directorio Revolucionario "13 de Marzo"
- Combatiente del Escambray

Vinculación Política después de 1959:

1959,   Organizaciones Revolucionarias Integradas
1962,   Partido Unido de la Revolución Socialista
1965,   Miembro Efectivo del Comité Central
1965,   Miembro del Secretariado del Comité Central

Esfera de Influencia: Diplomática

Trayectoria laboral:

1960,   Embajador en la Unión Soviética
1962,   Ministro de Comunicaciones
1963,   Ministro de Transportes
1971,   Primer Secretario del Partido en el Territorio Tunas-Amancio

1975, Primer Secretario del Partido en la provincia de Las Tunas
1981, Embajador en la República Socialista de Vietnam

Cargos en 1989:

- Miembro Efectivo del Comité Central
- Embajador en la República Socialista de Vietnam

Subordinación Directa: Isidoro Malmierca
                            Jesús Montané

Comentario: El puesto de embajador en Viet-Nam, representa para él la culminación de las degradaciones a que lo ha sometido Fidel Castro desde que lo eliminó del Secretariado del Partido, en 1972.

Nivel: 3.2

CIENFUEGOS GORRIARAN, OSMANY

Lugar de Nacimiento:	La Habana
Fecha de Nacimiento:	1930
Raza:	Blanca
Nivel Escolar:	Universitario
Especialidad:	Arquitectura

Vinculación Política antes de 1959:

- Partido Socialista Popular
- Movimiento 26 de Julio

Vinculación Política después de 1959:

1959, Organizaciones Revolucionarias Integradas
1962, Partido Unido de la Revolución Socialista
1965, Miembro efectivo del Comité Central
1980, Miembro efectivo del Buró Político

Esfera de Influencia: Económica

Trayectoria laboral:

1959, Ministro de Obras Públicas
1964, Miembro de la Comisión para la creación del Partido Comunista de Cuba

1965, Presidente de la Organización para la Solidaridad con los pueblos de Asia, Africa y América Latina
1972, Secretario del Comité Ejecutivo del Consejo de Ministros
1980, Vicepresidente del Comité Ejecutivo del Consejo de Ministros
1984, Presidente del Grupo Central de la Economía

Cargos en 1989:

- Miembro efectivo del Buró Político
- Vicepresidente del Comité Ejecutivo del Consejo de MInistros
- Jefe del Grupo Central de la Economía
- Miembro del Consejo de Estado

Subordinación directa: Fidel Castro Ruz

Comentario: Es, en la práctica, el Ministro de Economía de Cuba. Ejerce esta función a través de su jefatura en una comisión especial de trabajo, llamada "Grupo Central", que reúne a los principales Ministros y trata de resolver los problemas económicos del país. Esta comisión suplanta totalmente al Consejo de Ministros de Cuba que nunca colegia ni actúa como cuerpo gubernamental.

Nivel: 1.2

CINTRA FRIAS, LEOPOLDO

Lugar de Nacimiento:	Oriente
Fecha de Nacimiento:	1941
Raza:	Blanca
Nivel Escolar:	Universitario
Especialidad:	Ciencias Militares
	Ciencias Políticas

Vinculación Política antes de 1959:

- Movimiento 26 de Julio
- Combatiente del Ejército Rebelde

Vinculación Política después de 1959:

1959, Organizaciones Revolucionarias Integradas
1962, Partido Unido de la Revolución Socialista
1965, Miembro Efectivo del Comité Central

Esfera de Influencia: Militar

Trayectoria laboral:

—   Jefe de Artillería y de las Tropas de Misiles Terrestres
—   Jefe de la División Blindada del Ejército Occidental
1975,   Jefe del Frente Sur de la Misión militar en Angola
1978,   Jefe del Frente de Ogadén en Etiopía
1981,   Estudiante en la Academia del Estado Mayor de la Unión Sovi´tica
1983,   Jefe de la Agrupación de tropas cubanas en el Sur de Angola
1984,   Jefe de la Misión Militar en Angola
1986,   Jefe del Ejército Occidental
1987,   Jefe de la Agrupación de tropas cubanas en el Sur de Angola
1989,   Jefe de la Misión Militar en Angola

Cargos en 1989:

- Miembro Efectivo del Comité Central
- Jefe de la Misión Militar en Angola
- General de División

Subordinación Directa: Fidel Castro
                                     Raúl Castro

Comentario: Uno de los generales cubanos realmente fogueados en la guerra de Angola. La destitución de Ochoa obligó a la maquinaria propagandística a elevar sus méritos más allá de la realidad, atribuyéndole los que le correspondían al difunto general. El hecho de que se le haya presentado como la alternativa del general capaz, digno y sacrificado, en contraposición al, de repente, ineficiente, liberal y corrupto Ochoa le augura un puesto aún más destacado dentro del aparato militar cubano.

Nivel: 2.1

COLOME IBARRA, ABELARDO

Lugar de Nacimiento: Oriente
Fecha de Nacimiento: 1939
Raza: Blanca
Nivel Escolar: Universitario
Especialidad: Ciencias Militares

Vinculación Política antes de 1959:

- Movimiento 26 de Julio
- Combatiente de la Sierra Maestra

Vinculación Política después de 1959:

1965, Miembro efectivo del Comité Central
1980, Miembro Suplente del Buró Político
1986, Miembro Efectivo del Buró Político

Esfera de Influencia: Seguridad del Estado

Trayectoria laboral:

1959, Jefe de la Dirección de Inteligencia del Ejército Rebelde
1962, Jefe de la Policía Revolucionaria
1963, Oficial de la Inteligencia en servicios especiales en el extranjero
1968, Jefe del Cuerpo de Ejército del Norte de Oriente
1970, Jefe del Ejército de Oriente
1972, Viceministro de las Fuerzas Armadas
1975, Jefe de las tropas en Angola
1978, Primer Sustituto del Ministro de las Fuerzas Armadas
1989, Ministro del Interior

Cargos en 1989:

- Miembro efectivo del Comité Central
- Miembro del Buró Político
- Ministro del Interior
- General de Cuerpo de Ejército
- Miembro del Consejo de Estado

Subordinación directa: Raúl Castro Ruz

Comentario: Unico militar con rango de general de cuerpo de Ejército, sólo inferior a Raúl Castro y único militar miembro pleno del Buró Político. Ahora, como Ministro del Interior es, sin duda, el tercer hombre en la jerarquía cubana.

Nivel: 1.1

CONTRERAS PIEDRA, XIOMARA

Lugar de Nacimiento: Oriente
Fecha de Nacimiento: 1942 *
Raza: Mestiza

Vinculación Política después de 1959:

1966,   Partido Comunista de Cuba
1986,   Miembro Efectivo del Comité Central

Esfera de Influencia: —

Cargos en 1989:

- Miembro Efectivo del Comité Central
- Coronel del Ministerio del Interior

Comentario: Como mujer, negra y oficial del Ministerio del Interior, su inclusión en el Comité Central resultaba positivo para las estadísticas del mismo

Nivel: F

CORRIERI HERNANDEZ, SERGIO

Lugar de Nacimiento: La Habana
Fecha de Nacimiento: 1938
Raza: Blanca
Nivel Escolar: Medio
Especialidad: Actuación

Vinculación Política después de 1959:

1974,   Partido Comunista de Cuba
1980,   Miembro Suplente del Comité Central
1986,   Miembro Efectivo del Comité Central

Esfera de Influencia: Política

Trayectoria laboral:

1959,   Actor de Cine, Teatro y Televisión

1962, Profesor de la Escuela Nacional de Arte
1967, Director del Grupo de Teatro "Escambray"
1982, Vicepresidente del Instituto Cubano de Radio y Televisión
1986, Jefe de la Sección de Cultura del Comité Central

Cargos en 1989:

- Miembro Efectivo del Comité Central
- Jefe de la Sección de Cultura del Comité Central

Subordinación Directa: José Ramón Balaguer
Armando Hart

Comentario: Su condición de actor popular y de calidad, lo han llevado a ser el representante, en el aparato político, del poco priorizado sector cultural en Cuba.

Nivel: 2.3

CRABB VALDES, HOMERO

Lugar de Nacimiento: Las Villas
Fecha de Nacimiento: 1935 *
Raza: Mestiza

Vinculación Política después de 1959:

1986, Miembro Efectivo del Comité Central

Esfera de Influencia: Administrativa

Trayectoria laboral:

— Delegado del Ministerio de la Construcción Cienfuegos
1986, Viceministro Primero del Ministerio de la Construcción
1987, Ministro de la Construcción

Cargos en 1989:

- Miembro Efectivo del Comité Central
- Ministro de la Construcción

Subordinación Directa: Fidel Castro Ruz
Osmany Cienfuegos
Pedro Ross

Comentario: Por el gran peso dela actividad constructiva en la economía cubana, es normal que su Ministro integre el Comité Central.

Nivel: 2.1

CROMBET HERNANDEZ, JAIME

Lugar de Nacimiento: Oriente
Fecha de Nacimiento: 1940 *
Raza: Blanca
Nivel Escolar: Universitario
Especialidad: Ingeniería Eléctrica

Vinculación Política posterior a 1959:

1964, Unión de Jóvenes Comunistas
1966, Partido Comunista de Cuba
1975, Miembro Efectivo del Comité Central
1983, Miembro del Secretariado del Comité Central a cargo de la Industria, Consumo y Servicios

Esfera de Influencia: Política

Cargos en 1989:

1965, Presidente de la Federación de Estudiantes Universitarios en Oriente
1966, Primer Secretario de la Unión de Jóvenes Comunistas en La Habana
1967, Secretario General de la Unión de Jóvenes Comunistas
1972, Segundo Secretario del Partido en Camagüey
1975, Primer Secretario del Partido en Ciudad de La Habana
1979, Delegado del Buró Político en Angola
1980, Primer Secretario del Partido en Pinar del Río
1983, Miembro del Secretariado del Comité Central

Cargos en 1989:

- Miembro del Secretariado del Comité Central a cargo de la Industria, Consumo y Servicios
- Miembro Efectivo del Comité Central

Subordinación Directa: José Ramón Machado Ventura

Comentario: Crombet ha venido recibiendo constantes promociones desde los primeros años de la Revolución. Su ratificación en el secretariado, en el cual había sido incluído por primera vez en 1983, lo sitúan en una sólida posición.

Nivel: 1.2

DE LOS SANTOS TAMAYO, ASELA

Lugar de Nacimiento: Oriente
Fecha de Nacimiento: 1932 *
Raza: Blanca
Nivel Escolar: Universitario
Especialidad: Magisterio

Vinculación Política antes de 1959:

- Movimiento 26 de Julio
- Combatiente del Ejército Rebelde

Vinculación Política después de 1959:

1959, Organizaciones Revolucionarias Integradas
1962, Partido Unido de la Revolución Socialista
1965, Partido Comunista de Cuba
1975, Miembro Efectivo del Comité Central

Esfera de Influencia: Administrativa

Trayectoria laboral:

1959, Oficial de las Fuerzas Armadas a cargo de programas educacionales
1974, Directora de Entrenamiento de Maestros del Ministerio de Educación
1976, Viceministra de Educación a cargo de la Enseñanza General y Especial
1980, Ministra de Educación
1983, Viceministra Primera de Educación

Cargos en 1989:

- Miembro Efectivo del Comité Central
- Viceministra Primera del Ministerio de Educación

Subordinación Directa: José Ramón Fernández

Comentario: Su historial revolucionario, tiempo de trabajo en en las Fuerzas Armadas y condición de mujer la han permitido estar en el Comité Central, aunque no ocupa una posición relevante. Es la esposa de José Ramón Fernández, Vicepresidente del Gobierno a cargo del Sector de Educación.

Nivel: H

DEL VALLE JIMENEZ, SERGIO

Lugar de Nacimiento: Pinar del Río
Fecha de Nacimiento: 1927
Raza: Blanca
Nivel Escolar: Universitario
Especialidad: Medicina

Vinculación Política antes de 1959:

- Movimiento 26 de Julio
- Combatiente del Ejército Rebelde

Vinculación Política después de 1959:

1959, Organizaciones Revolucionarias Integradas
1962, Partido Unido de la Revolución Socialista
1965, Miembro Efectivo del Comité Central
1965, Miembro Pleno del Buró Político

Esfera de Influencia: —

Trayectoria laboral:

1959, Jefe de la Fuerza Aérea del Ejército
1961, Viceministro de las Fuerzas Armadas y Jefe del Estado Mayor General
1965, Viceministro de las Fuerzas Armadas a cargo de la Inteligencia y la Contrainteligencia
1968, Ministro del Interior
1979, Ministro de Salud Pública

Cargos en 1989:

- Miembro Efectivo del Comité Central

Comentario: Se confinó voluntariamente a un total retiro cuando fue destituído como Ministro de Salud Pública y no fue reelecto como miembro del Buró Político..

Nivel: H

DOMENECH BENITEZ, JOEL

Lugar de Nacimiento:	Oriente
Fecha de Nacimiento:	1927 *
Raza:	Blanca
Nivel Escolar:	Universitario
Especialidad:	Economía

Vinculación Política antes de 1959:

- Juventud Socialista Popular
- Partido Socialista Popular

Vinculación Política después de 1959:

1959, Organizaciones Revolucionarias Integradas
1962, Partido Unido de la Revolución Socialista
1965, Miembro Efectivo del Comité Central

Esfera de Influencia: Administrativa

Trayectoria laboral:

1960, Delegado de Organizaciones Revolucionarias Integradas en La Habana
1962, Delegado del Partido Unido de la Revolución Socialista en La Habana
1965, Primer Secretario del Partido en La Habana
1967, Ministro de la Industria Básica
1973, Vicepresidente del Comité Ejecutivo del Consejo de Ministros a cargo de la Industria Básica
1979, Vicepresidente del Comité Ejecutivo del Consejo de Ministros y Ministro de Industria Básica
1983, Vicepresidente del Comité Ejecutivo del Consejo de Ministros a cargo de la Comisión Nacional de Energía

Cargos en 1989:

- Miembro Efectivo del Comité Central
- Vicepresidente del Comité Ejecutivo del Consejo de Ministros a cargo de la Comisión Nacional de Energía

Subordinación Directa: Fidel Castro
Osmany Cienfuegos

Comentario: A pesar de ser Vicepresidente del Comité Ejecutivo del Consejo de Ministros y Presidente de la Comisión Nacional de Energía, ya Joel Domenech, comunista de la vieja guardia, no concentra el mismo poder que cuando dirigía todo el Sector de la Industria Básica. Diferencias de criterios con Fidel Castro sobre la forma de organizar la industria en el país, lo alejaron del grupo élite.

Nivel: 1.3

ESCALANTE FONT, FABIAN

Lugar de Nacimiento: La Habana
Fecha de Nacimiento: 1940
Raza: Blanca
Nivel Educacional: Universitario
Especialidad: Ciencias Políticas

Vinculación Política antes de 1959:

- Juventud Socialista Popular

Vinculación Política después de 1959:

1968, Partido Comunista de Cuba
1980, Miembro Suplente del Comité Central
1986, Miembro Efectivo del Comité Central

Esfera de Influencia: —

Trayectoria laboral:

1960, Oficial de la Seguridad del Estado
1976, Jefe de la Dirección General de Seguridad del Estado
1982, Jefe de la Dirección Política del Ministerio del Interior

Cargos en 1989:

- Miembro Efectivo del Comité Central
- General de Brigada

Comentario: Fue destituído en julio de 1989, en el marco del escándalo del narcotráfico.

Nivel: D

ESCALONA REGUERA, JUAN

Lugar de Nacimiento: Oriente
Fecha de Nacimiento: 1930
Raza: Blanca
Nivel Escolar: Universitario
Especialidad: Medicina

Vinculación Política antes de 1959:

-   Juventud Socialista Popular
-   Combatiente del Ejército Rebelde

Vinculación Política después de 1959:

1959,   Organizaciones Revolucionarias Integradas
1962,   Partido Unido de la Revolución Socialista
1965,   Partido Comunista de Cuba
1980,   Miembro Efectivo del Comité Central

Esfera de Influencia: Administrativa

Trayectoria laboral:

1959,   Jefe del Estado Mayor del Ejército Occidental
1960,   Viceministro de Salud Pública
1962,   Director Provincial de Salud Pública en el Sur Oriente y en las Villas
1968,   Director Nacional de Educación Médica
1974,   Escuela Superior de Guerra de la Unión Soviética
1975,   Sustituto del Jefe del Estado Mayor General de las Fuerzas Armadas
1980,   Viceministro de las Fuerzas Armadas a cargo de la Defensa Civil
1984,   Ministro de Justicia

Cargos en 1989:

-   Miembro Efectivo del Comité Central
-   Ministro de Justicia

Subordinación Directa: Fidel Castro

Comentario: Después de años condenado al ostracismo debido a la purga de la "microfracción", Raúl Castro lo rescató, le dio oportunidades en el Ejército y finalmente fue promovido a Ministro de Justicia, aunque es medico de profesión. .

Nivel: 2.1

ESPIN GUILLOIS, VILMA

Lugar de Nacimiento:	Oriente
Fecha de Nacimiento:	1934
Raza:	Blanca

Vinculación Política antes de 1959:

- Movimiento 26 de Julio
- Combatiente de la Sierra Maestra

Vinculación Política después de 1959:

1959, Organizaciones Revolucionarias Integradas
1962, Partido Unido de la Revolución Socialista
1965, Miembro Efectivo del Comité Central
1980, Miembro Suplente del Buró Político
1986, Miembro Efectivo del Buró Político

Esfera de Influencia: Política

Trayectoria laboral:

1959, Presidenta de la Federación de Mujeres Cubanas

Cargos en 1989:

- Miembro Efectivo del Comité Central
- Miembro del Buró Político
- Presidenta de la Federación de Mujeres Cubanas
- Miembro del Consejo de Estado

Subordinación directa: Raúl Castro Ruz
José Ramón Machado Ventura

Comentario: El nivel de Vilma Espín en la sociedad cubana no está dado por su histórico cargo de Presidenta de la Federación de Mujeres Cubanas, organización de segundo orden en la estructura cubana, sino por el papel de primera dama que se le ha concedido ante la ausencia de una familia conocida de Fidel Castro.

Nivel: 1.2

ESPINOSA MARTIN, RAMON

Lugar de Nacimiento:	Las Villas
Fecha de Nacimiento:	1939
Raza:	Blanca
Nivel Escolar:	Universitario
Especialidad:	Ciencias Militares

Vinculación Política antes de 1959:

- Directorio 13 de Marzo
- Combatiente del Escambray

Vinculación Política después de 1959:

1965,   Partido Comunista de Cuba
1980,   Miembro Efectivo del Comité Central

Esfera de Influencia: Militar

Trayectoria laboral:

1959,   Oficial de las Fuerzas Armadas
1972,   Jefe del Estado Mayor del Ejército Central
1975,   Jefe de las tropas cubanas en Cabinda, Angola
1976,   Rehabilitación de heridas recibidas en Angola
1978,   Estudios en la Academia del Estado Mayor de la Unión Soviética
1980,   Jefe de la Misión Militar en Etiopía
1983,   Jefe del Ejército Oriental

Cargos en 1989:

- Miembro Efectivo del Comité Central
- Jefe del Ejército Oriental
- General de División

Subordinación Directa: Raúl Castro Ruz
Ulises Rosales del Toro

Comentario: La posición de jefe de un ejército dentro de las fuerzas armadas otorga, al que la ocupe, un poder real que va más allá de consideraciones de relaciones, historia o representatividad formal.

Nivel: 1.2

ESQUIVEL YEDRA, ANTONIO

Lugar de Nacimiento:	Las Villas
Fecha de Nacimiento:	1938
Raza:	Blanca
Nivel Escolar:	Universitario
Especialidad:	Economía

Vinculación Política antes de 1959:

- Juventud Socialista Popular

Vinculación Política después de 1959:

1959, Organizaciones Revolucionarias Integradas
1962, Partido Unido de la Revolución Socialista
1965, Partido Comunista de Cuba
1980, Miembro Efectivo del Comité Central

Esfera de Influencia: Administrativa

Trayectoria laboral:

1959, Administrador de un complejo turístico
1961, Funcionario de las Organizaciones Revolucionarias Integradas en La Habana
1962, Funcionario del Partido Unido de la Revolución Socialista en La Habana
1964, Secretario General de la Junta Central de Inspección del regional Marianao en La Habana
1965, Secretario General del Partido del Regional Plaza en La Habana
1966, Director de Fuerza de Trabajo del Ministerio de la Industria Básica
1967, Viceministro de la Industria Básica
1967, Viceministro Primero de la Industria Básica
1974, Ministro de la Industria Química
1980, Ministro sin Cartera y miembro del Equipo de Coordinación y Apoyo del Comandante en Jefe

1984,   Vicepresidente del Comité Ejecutivo del Consejo de Ministros a cargo del Consumo y los Servicios
1986,   Ministro de la Industria Ligera

Cargos en 1989:

- Miembro Efectivo del Comité Central
- Vicepresidente del Comité Ejecutivo del Consejo de Ministros
- Ministro de la Industria Ligera

Subordinación Directa: Jaime Crombet
Osmany Cienfuegos

Comentario: Su total dedicación, así como su inteligencia y capacidad le han hecho acreedor de prestigio en las altas esferas y goza del reconocimiento de Fidel Castro. Por el momento es un cuadro sólidamente ubicado en su posición.

Nivel: 1.3

FERNANDEZ ALVAREZ, JOSE RAMON

Lugar de Nacimiento: La Habana
Fecha de Nacimiento: 1927 *
Raza: Blanca
Nivel Escolar: Universitario
Especialidad: Ciencias Militares

Vinculación Política antes de 1959:

- Oficial del Ejército de la Dictadura de Fulgencio Batista hasta 1957
- Colaborador del Movimiento 26 de Julio

Vinculación Política posterior a 1959:

1962,   Partido Unido de la Revolución Socialista
1965,   Partido Comunista de Cuba
1975,   Miembro Efectivo del Comité Central
1986,   Miembro Suplente del Buró Político

Esfera de Influencia: Administrativa

Trayectoria Laboral:

1959, Responsable de la Formación de los Cuadros de Mando del Ejército
1965, Viceministro para la Preparación Militar de las Fuerzas Armadas
1971, Ministro de Educación
1978, Vicepresidente del Comité Ejecutivo del Consejo de Ministros a cargo de la Educación y la Ciencia

Cargos en 1989:

- Vicepresidente del Comité Ejecutivo del Consejo de Ministros
- Ministro de Educación
- Miembro Suplente del Buró Político
- Miembro del Consejo de Estado

Subordinación Directa: Fidel Castro

Comentario: La prioridad y atención directa que Castro le ha brindado a las inversiones relacionadas con la educación, especialmente durante los años 70, le permitieron a Fernández establecer una estrecha relación con el Primer Ministro. Esto se ha confirmado con la inclusión de Fernández, en el último Congreso, como miembro Suplente del Buró Político.

Nivel: 1.2

FERNANDEZ BOADA, EDUARDO

Lugar de Nacimiento: Oriente
Fecha de Nacimiento: 1939
Raza: Blanca
Nivel Educacional: Universitario

Vinculación Política antes de 1959:

- Movimiento 26 de Julio

Vinculación Política después de 1959:

1980, Miembro Suplente del Comité Central
1986, Miembro Efectivo del Comité Central

Esfera de Influencia: Administrativa

Trayectoria laboral:

1960, Funcionario de la Junta Central de Inspección en Oriente
1965, Funcionario del Poder Local en Oriente
1974, Funcionario del Partido en Oriente
1976, Presidente del Poder Popular en Santiago de Cuba

Cargos en 1989:

- Miembro Efectivo del Comité Central
- Presidente del Poder Popular de Santiago de Cuba

Subordinación Directa: Esteban Lazo
Severo Aguirre
Faustino Pérez

Comentario: Su esfera de influencia está limitada a la provincia que dirige.

Nivel: 3.2

FERNANDEZ DIAZ, PEDRO

Lugar de Nacimiento: La Habana
Fecha de Nacimiento: 1934
Raza: Mestiza

Vinculación Política antes de 1959:

- Movimiento 26 de Julio

Vinculación Política después de 1959:

1963, Partido Unido de la Revolución Socialista
1965, Partido Comunista de Cuba
1980, Miembro Efectivo del Comité Central

Esfera de Influencia: —

Trayectoria laboral:

1959, Funcionario del Sindicato de la Construcción
1966, Funcionario de la Central de Trabajadores de Cuba

1971, Secretario General del Sindicato de Trabajadores de la Construcción

Cargos en 1989:

- Miembro Efectivo del Comité Central

Comentario: En 1987 fue separado de su cargo de Secretario General del Sindicato de la Construcción. No se conoce su nueva ubicación

Nivel: D

FERNANDEZ GONDIN, CARLOS

Lugar de Nacimiento: Oriente
Fecha de Nacimiento: 1939
Raza: Blanca
Nivel Escolar: Universitario
Especialidad: Ciencias Militares

Vinculación Política antes de 1959:

- Movimiento 26 de Julio
- Combatiente de la Sierra Maestra

Vinculación Política después de 1959:

1965, Partido Comunista de Cuba
1980, Miembro Efectivo del Comité Central

Esfera de Influencia: Militar

Trayectoria laboral:

1963, Jefe del Estado Mayor del Cuerpo de Ejército de Holguín
1964, Jefe de la División 68 del Ejército Oriental en Holguín
1968, Oficial de la Dirección de Contrainteligencia Militar
1975, Jefe del Frente Este en Angola
1977, Jefe de la Dirección de Contrainteligencia Militar

Cargos en 1989:

- Miembro Efectivo del Comité Central

- Jefe de la Dirección de Contrainteligencia Militar
- General de División

Subordinación Directa: Raúl Castro Ruz
 Abelardo Colomé Ibarra

Comentario: Su posición se fortaleció con el escándalo del narcotráfico, de julio de 1989, operación claramente preparada y conducida por la contrainteligecia militar. Fernández Gondín es, en la actualidad, uno de los hombres más influyentes y temidos dentro de la estructura cubana.

Nivel: 1.2

FERNANDEZ MELL, OSCAR

Lugar de Nacimiento: La Habana
Fecha de Nacimiento: 1933
Raza: Blanca
Nivel Escolar: Universitario
Especialidad: Medicina

Vinculación Política antes de 1959:

- Movimiento 26 de Julio
- Combatiente del Ejército Rebelde

Vinculación Política después de 1959:

1959, Organizaciones Revolucionarias Integradas
1962, Partido Unido de la Revolución Socialista
1965, Miembro Efectivo del Comité Central

Esfera de influencia: —

Trayectoria laboral:

— Jefe del Ejército de Occidente
— Segundo Jefe del Estado Mayor General de las Fuerzas Armadas
1972, Viceministro de las Fuerzas Armadas
1975, Presidente del Poder Popular en la Ciudad de La Habana
1986, Embajador en Londres

Cargos en 1989:

- Miembro Efectivo del Comité Central

Comentario: En 1988 fue expulsado por el gobierno británico de su cargo de embajador. Se desconoce su ubicación actual.

Nivel: D

FERNANDEZ PERERA, ROSARIO

Fecha de Nacimiento: 1930 *
Raza: Mestiza

Vinculación Política antes de 1959:

- Partido Socialista Popular

Vinculación Política después de 1959:

1962, Partido Unido de la Revolución Socialista
1965, Partido Comunista de Cuba
1975, Miembro Suplente del Comité Central
1980, Miembro Efectivo del Comité Central

Esfera de Influencia: Política

Trayectoria laboral:

- Secretaria de Producción de la Federación de Mujeres Cubanas
- Miembro del Ejecutivo Nacional de la Central de Trabajadores de Cuba

Cargos en 1989:

- Miembro Efectivo del Comité Central
- Responsable de la Comisión de Agitación y Propaganda en la Central de Trabajadores

Subordinación Directa: Pedro Ross Leal

Comentario: Representa al sector femenino en el Comité Central desde el primer Congreso del Partido. Su trabajo siempre ha estado asociado a las organizaciones de masas.

Nivel: 2.3

FERNANDEZ TORRES, ELCIRA

Lugar de Nacimiento: Las Villas
Fecha de Nacimiento: 1941
Raza: Blanca
Nivel Escolar: Universitario
Especialidad: Medicina

Vinculación Política antes de 1959:

- Movimiento 26 de Julio

Vinculación Política después de 1959:

1966, Unión de Jóvenes Comunistas
1971, Partido Comunista de Cuba
1980, Miembro Suplente del Comité Central
1986, Miembro Efectivo del Comité Central

Esfera de Influencia: —

Trayectoria laboral:

1967, Médico Pediatra
1979, Secretaria del Partido en el Hospital "Pediátrico Centro Habana"
1982, Secretaria del Partido en el Hospital "Hermanos Amejeiras"

Cargos en 1989:

- Miembro Efectivo del Comité Central
- Secretaria del Partido en el Hospital "Hermanos Amejeiras"

Comentario: Representa a la mujer, profesional y dedicada al trabajo del Partido.

Nivel: F

FERRER GOMEZ, MARIA Y.

Lugar de Nacimiento: La Habana
Fecha de Nacimiento: 1946
Raza: Blanca
Nivel Escolar: Universitario
Especialidad: Ciencias Políticas

Vinculación Política posterior a 1959:

1963, Unión de Jóvenes Comunistas
1973, Partido Comunista de Cuba
1980, Miembro Efectivo del Comité Central
1986, Miembro Suplente del Buró Político

Esfera de Influencia: Política

Trayectoria Laboral:

1964, Funcionaria de la Federación de Mujeres Cubanas
1976, Secretaria de Estudios Políticos de la Federación de Mujeres Cubanas
1977, Secretaria Ideológica de la Federación de Mujeres Cubanas

Cargos en 1989:

- Miembro Suplente del Buró Político
- Secretaria Ideológica de la Federación de Mujeres Cubanas

Subordinación Directa: Vilma Espín
Dora Carcaño

Comentario: Su inclusión en el Buró político resulta un tanto sorpresiva al haber sido elegida por encima de Dora Carcaño, su jefa inmediata.

Nivel: 2.2

FLEITAS RAMIREZ, GUSTAVO

Fecha de Nacimiento: 1938 *
Raza: Blanca
Nivel Escolar: Universitario
Especialidad: Ciencias Militares

Vinculación Política después de 1959:

1965,   Partido Comunista de Cuba
1980,   Miembro Efectivo del Comité Central

Esfera de Influencia: Militar

Trayectoria laboral:

—   Jefe de Regimientos Blindados
1975,   Jefe de Regimiento Motomecanizado en Angola
1978,   Jefe de Regimiento Motomecanizado en Etiopía
1982,   Jefe de la Misión Militar en Etiopía
1986,   Jefe de la Misión Militar en Angola

Cargos en 1989:

- Miembro Efectivo del Comité Central
- General del Brigada

Subordinación Directa: Raúl Castro
Ulises Rosales del Toro

Comentario: Su ascenso e inclusión en el Comité Central está asociado con la relevancia que han adquirido los militares debido a las incursiones guerreras de Cuba en el extranjero. Su temporal designación como jefe militar en Angola terminó abruptamente cuando la guerra se agudizó en su última etapa. En estos momentos no se conoce su actual posición dentro del ejército.

Nivel: 2.1

GARCIA FERNANDEZ, RIGOBERTO

Lugar de Nacimiento: Oriente
Fecha de Nacimiento: 1928 *
Raza: Blanca
Nivel Escolar: Universitario
Especialidad: Ciencias Militares

Vinculación Política antes de 1959:

- Movimiento 26 de Julio
- Combatiente del Ejército Rebelde

Vinculación Política después de 1959:

1965,   Partido Comunista de Cuba
1975,   Miembro Efectivo del Comité Central

Esfera de Influencia: Militar

Trayectoria laboral:

1959,   Oficial a cargo la preparación combativa en las Fuerzas Armadas
1971,   Jefe de la Dirección de Preparación Combativa delas Fuerzas Armadas
1972,   Viceministro de las Fuerzas Armadas a cargo de la Preparación Combativa
1979,   Viceministro de las Fuerzas Armadas para el Ejército Juvenil del Trabajo

Cargos en 1989:

- Miembro Efectivo del Comité Central
- Viceministro de las Fuerzas Armadas para el Ejército Juvenil del Trabajo
- General de División

Subordinación Directa: Raúl Castro
Ulises Rosales del Toro

Comentario: La actividad que dirige, "El Ejército Juvenil del Trabajo" no es precisamente una de las verdaderamente importantes dentro de las Fuerzas Armadas.

Nivel: 2.1

GARCIA FRIAS, GUILLERMO

Lugar de Nacimiento: Oriente
Fecha de Nacimiento: 1925
Raza: Blanca
Nivel Escolar: Universitario
Especialidad: Ciencias Jurídicas

Vinculación Política antes de 1959:

- Movimiento 26 de Julio
- Combatiente del Ejército Rebelde

Vinculación Política después de 1959:

1959, Organizaciones Revolucionarias Integradas
1962, Partido Unido de la Revolución Socialista
1965, Miembro Efectivo del Comité Central
1965, Miembro del Buró Político

Esfera de Influencia: Política

Trayectoria laboral:

1959, Estudios y distintas responsabilidades en las Fuerzas Armadas
1967, Primer Secretario del Partido en Oriente
1971, Director de la Comisión Nacional de Flora y Fauna
1972, Vicepresidente del Comité Ejecutivo del Consejo de Ministros a cargo del Transporte
1979, Vicepresidente del Comité Ejecutivo del Consejo de Ministros y Ministro de Transportes

Cargos en 1989:

- Miembro Efectivo del Comité Central
- Director de la Comisión Nacional de Flora y Fauna
- Miembro del Consejo de Estado

Subordinación Directa: Raúl Castro

Comentario: Fue separado de sus cargos de Vicepresidente del Gobierno y de miembro del Buró Político. Si se había mantenido en los primeros niveles era estrictamente por el simbolismo que representa al haber sido el primer campesino que se integró a la lucha en el Ejército Rebelde.

Nivel: H

GODOY HERNANDEZ, SANTOS

Lugar de Nacimiento: Pinar del Río
Fecha de Nacimiento: 1940
Raza: Blanca

Vinculación Política antes de 1959:

- Movimiento 26 de Julio

Vinculación Política después de 1959:

1963,   Partido Unido de la Revolución Socialista
1965,   Partido Comunista de Cuba
1980,   Miembro Suplente del Comité Central
1986,   Miembro Efectivo del Comité Central

Esfera de Influencia: Política

Trayectoria laboral:

1963,   Funcionario del Partido Unido de la Revolución Socialista en Matanzas
1965,   Funcionario del Partido Comunista en Matanzas
1967,   Primer Secretario de la Unión de Jóvenes Comunistas en Matanzas
1969,   Funcionario del Partido en Matanzas
1980,   Segundo Secretario del Partido en Santiago de Cuba

Cargos en 1989:

-   Miembro Pleno del Comité Central
-   Segundo Secretario del Partido en Santiago de Cuba

Subordinación Directa: Esteban Lazo

Comentario: Se incluyó en el Comité Central para respaldar el nivel del Primer Secretario que es un miembro del Buró Político, así como para realzar la importancia de la provincia

Nivel: 3.2

GONZALEZ GONZALEZ, ISMAEL

Lugar de Nacimiento: La Habana
Fecha de Nacimiento: 1952 *
Raza: Blanca
Nivel Escolar: Universitario

Vinculación Política después de 1959:

1986,   Miembro Efectivo del Comité Central

Esfera de Influencia: Política

Trayectoria laboral:

—-   Funcionario de Estudios Sociales de la Unión de Jóvenes Comunistas
1984,   Presidente del Instituto Cubano de Radio y Televisión

Cargos en 1989:

-   Miembro Efectivo del Comité Central
-   Presidente del Instituto Cubano de Radio y Televisión

Subordinación Directa: José Ramón Fernández
Carlos Aldana

Comentario: La total subordinación de los medios de difusión en Cuba al Departamento de Orientación Revolucionaria del Partido, explica la ubicación al frente de este organismo de un cuadro inexperto, sin historial y poco conocido.

Nivel: 2.3

GONZALEZ TORRES, JOSE

Lugar de Nacimiento: La Habana
Fecha de Nacimiento: 1939
Raza: Blanca

Vinculación Política antes de 1959:

-   Movimiento 26 de Julio

Vinculación Política después de 1959:

1967,   Partido Comunista de Cuba
1980,   Miembro Suplente del Comité Central
1986,   Miembro Efectivo del Comité Central

Esfera de Influencia: —

Trayectoria laboral:

1960,   Funcionario de la Junta Central de Inspección
1963,   Administrador de empresas ganaderas
1963,   Funcionario del Gobierno Cubano en Canadá para la compra de ganado

1967, Administrador de empresas ganaderas
1968, Director del Centro Genético "Los Naranjos"

Cargos en 1989:

- Miembro Pleno del Comité Central
- Director del Centro Genético "Los Naranjos"

Comentario: La representación del dirigente empresarial agrícola en el Comité Central. Su empresa es directamente atendida por Fidel Castro y es un centro experimental de investigaciones genéticas del Presidente cubano.

Nivel: F

GROBART, FABIO

Lugar de Nacimiento: Polonia
Fecha de Nacimiento: 1905
Raza: Blanca

Vinculación Política antes de 1959:

- Partido Socialista Popular

Vinculación Política después de 1959:

1959, Organizaciones Revolucionarias Integradas
1962, Partido Unido de la Revolución Socialista
1965, Miembro Efectivo del Comité Central

Esfera de Influencia: Política

Trayectoria laboral:

1965, Asesor del Partido
1973, Director del Instituto de Historia del Partido del Comité Central

Cargos en 1989:

- Miembro del Comité Central
- Director del Instituto de Historia del Partido del Comité Central

Comentario: Semi retirado. Es una pieza histórica del Movimiento Comunista cubano

Nivel: H

HART DAVALOS, ARMANDO

Lugar de Nacimiento: La Habana
Fecha de Nacimiento: 1928
Raza: Blanca
Nivel Escolar: Universitario
Especialidad: Derecho

Vinculación Política antes de 1959:

- Movimiento 26 de Julio

Vinculación Política después de 1959:

1959, Organizaciones Revolucionarias Integradas
1962, Partido Unido de la Revolución Socialista
1965, Miembro Efectivo del Comité Central
1965, Miembro del Buró Político

Esfera de Influencia: Administrativa

Trayectoria laboral:

1959, Ministro de Educación
1961, Miembro del Ejecutivo de las Organizaciones Revolucionarias Integradas
1962, Miembro del Ejecutivo del Partido Unido de la Revolución Socialista
1965, Secretario de Organización del Comité Central
1971, Primer Secretario del Partido en Oriente
1979, Ministro de Cultura

Cargos en 1989:

- Miembro Efectivo del Comité Central
- Miembro del Buró Político
- Ministro de Cultura
- Miembro del Consejo de Estado

Subordinación directa: Fidel Castro Ruz

Comentario: Su ubicación como Ministro de Cultura dista mucho de ser una posición importante ya que la cultura no está precisamente dentro de las prioridades del máximo líder. A pesar de sus cargos y de su historial, en estos momentos, Armando Hart ya no es una figura cimera dentro de la nomenclatura cubana.

Nivel: 2.1

HERNANDEZ RODRIGUEZ, MELBA

Lugar de Nacimiento:	Oriente
Fecha de Nacimiento:	1929 *
Raza:	Mestiza
Nivel Escolar:	Universitario
Especialidad:	Ciencias Jurídicas

Vinculación Política antes de 1959:

- Movimiento 26 de Julio

Vinculación Política después de 1959:

1976, Partido Comunista de Cuba
1986, Miembro Efectivo del Comité Central

Esfera de Influencia: Política

Trayectoria laboral:

1965, Presidenta del Comité de Solidaridad Vietnam
1975, Embajadora en Vietnam, Laos y Cambodia
1980, Secretaria de la Organización de Solidaridad con los Pueblos de Asia, Africa y América Latina
1986, Directora del Centro de Estudios de Asia y Oceanía del Comité Central

Cargos en 1989:

- Miembro Efectivo del Comité Central
- Directora del Centro de Estudios de Asia y Oceanía del Comité Central

Comentario: Con la muerte de Celia Sánchez y Haydé Santamaría, Melba es la única histórica sobreviviente del Moncada.

Nivel: H

HONDAL GONZALEZ, ALFREDO

Lugar de Nacimiento:	Las Villas
Fecha de Nacimiento:	1942
Raza:	Blanca

Vinculación Política antes de 1959:

- Movimiento 26 de Julio
- Combatiente del Escambray

Vinculación Política después de 1959:

1965, Partido Comunista de Cuba
1980, Miembro Suplente del Comité Central
1986, Miembro Efectivo del Comité Central

Esfera de Influencia: Política

Trayectoria laboral:

1961, Funcionario del Ministerio de Hacienda en Las Villas
1965, Funcionario de la Junta Central de Inspección en Santa Clara
1968, Funcionario del Partido en Las Villas
1975, Presidente del Poder Popular en Sancti Spiritus
1976, Segundo Secretario del Partido en Sancti Spiritus
1982, Segundo Secretario del Partido en Las Tunas
1985, Primer Secretario del Partido en Las Tunas
1987, Primer Secretario del Partido en Ciego de Avila

Cargos en 1989:

- Miembro Efectivo del Comité Central
- Primer Secretario del Partido en Ciego de Avila

Subordinación Directa: Raúl Castro Ruz
José Ramón Machado Ventura

Comentario: Su esfera de influencia está limitada a la provincia que dirige.

Nivel: 3.2

ISER MOJENA, OMAR

Lugar de Nacimiento: Oriente
Fecha de Nacimiento: 1935
Raza: Mestiza

Vinculación Política antes de 1959:

- Movimiento 26 de Julio
- Combatiente del Ejército Rebelde

Vinculación Política después de 1959:

1965, Miembro Efectivo del Comité Central

Esfera de Influencia: Política

Trayectoria laboral:

— Jefe del Cuerpo de Ejército de Pinar del Río
— Jefe del Estado Mayor del Ejército de Oriente
— Vicepresidente del Comité de Revisión y Control del Comité Central

Cargos en 1989:

- Miembro Efectivo del Comité Central
- Vicepresidente del Comité de Revisión y Control del Comité Central

Subordinación Directa: Raúl Castro Ruz
Juan Almeida Bosque

Comentario: En la práctica, Iser Mojena es el Jefe del Comité de Revisión y Control del Comité Central ya que su Jefe nominal, Juan Almeida, presenta serias limitaciones de salud.

Nivel: 1.3

JORDAN MORALES, ALFREDO

Lugar de Nacimiento: Oriente
Fecha de Nacimiento: 1946
Raza: Blanca

Vinculación Política después de 1959:

1963, Unión de Jóvenes Comunistas
1971, Partido Comunista de Cuba
1986, Miembro Efectivo del Comité Central

Esfera de Influencia: Política

Trayectoria laboral:

— Primer Secretario de la Unión de Jóvenes Comunistas en Santiago de Cuba
— Presidente de la Unión de Pioneros de Cuba
1989, Primer Secretario del Partido en Las Tunas

Cargos en 1989:

- Miembro Pleno del Comité Central
- Primer Secretario del Partido en Las Tunas

Subordinación Directa: Raúl Castro Ruz
                              José Ramón Machado Ventura

Comentario: Uno de los pocos cuadros jóvenes que ha recibidio promociones importantes.

Nivel: 2.3

LAGE DAVILA, CARLOS

Lugar de Nacimiento:	La Habana
Fecha de Nacimiento:	1951
Raza:	Blanca
Nivel Escolar:	Universitario
Especialidad:	Medicina

Vinculación Política después de 1959:

1965, Unión de Jóvenes Comunistas
1976, Partido Comunista de Cuba
1980, Miembro Suplente del Comité Central
1986, Miembro Efectivo del Comité Central

Esfera de Influencia: Administrativa

Trayectoria laboral:

1972,   Dirigente de la Federación de Estudiantes Universitarios
1978,   Médico en el Hospital Pediátrico de La Habana
1978,   Misión en Etiopía
1980,   Segundo Secretario de la Unión de Jóvenes Comunistas
1981,   Primer Secretario de la Unión de Jóvenes Comunistas
1987,   Miembro del Equipo de Coordinación y Apoyo del Comandante en Jefe

Cargos en 1989:

- Miembro Efectivo del Comité Central
- Miembro del Equipo de Coordinación y Apoyo del Comandante en Jefe
- Miembro del Consejo de Estado

Subordinación Directa: Fidel Castro
                             José Naranjo

Comentario: Todos los miembros del "Equipo de Coordinación y apoyo", por su estrecha relación con el máximo nivel, son candidatos a promociones, especialmente en el área administrativa.

Nivel: 2.1

LAZO HERNANDEZ, ESTEBAN

Lugar de Nacimiento:	Matanzas
Fecha de Nacimiento:	1944
Raza:	Negra
Nivel Escolar:	Universitario
Especialidad:	Economía

Vinculación Política después de 1959:

1962,   Unión de Jóvenes Comunistas
1964,   Partido Unido de la Revolución Socialista
1965,   Partido Comunista de Cuba
1980,   Miembro suplente del Comité Central
1986,   Miembro Efectivo del Comité Central
1886,   Miembro del Buró Político

Esfera de Influencia: Política

Trayectoria laboral:

1959,   Funcionario de la Asociación de Jóvenes Rebeldes en Matanzas
1962,   Funcionario de la Unión de Jóvenes Comunistas en Matanzas
1965,   Funcionario del Partido en Matanzas
1979,   Delegado del Ministerio de la Agricultura en Matanzas
1980,   Segundo Secretario del Partido en Matanzas
1982,   Primer Secretario del Partido en Matanzas
1986,   Primer Secretario del Partido en Santiago de Cuba

Cargos en 1989:

- Miembro Efectivo del Comité Central
- Miembro del Buró Político
- Primer Secretario del Partido en Santiago de Cuba

Subordinación directa: Raúl Castro Ruz
                             José Ramón Machado Ventura

Comentario: Su sorpresiva inclusión en el Buró Político (en el congreso anterior sólo había sido considerado miembro suplente del Comité Central) está directamente relacionada con su raza negra. Esta ventaja puede seguirle proporcionando sorprendentes promociones.

Nivel: 3.1

LEYVA TORRES, JUANA T.

Lugar de Nacimiento: Oriente
Fecha de Nacimiento: 1942
Raza: Blanca
Nivel Escolar: Medio

Vinculación Política después de 1959:

1965,   Unión de Jóvenes Comunistas
1968,   Partido Comunista de Cuba
1980,   Miembro Suplente del Comité Central
1986,   Miembro Efectivo del Comité Central

Esfera de Influencia: Política

Trayectoria laboral:

— Funcionaria de la Asociación Nacional de Agricultores Pequeños
— Funcionaria de los Comités de Defensa de la Revolución
1965, Funcionaria de la Federación de Mujeres Cubanas en La Habana
1976, Secretaria General de la Federación de Mujeres Cubanas en La Habana
1980, Secretaria General de la Federación de Mujeres Cubanas en la Ciudad de La Habana

Cargos en 1989:

- Miembro Efectivo del Comité Central
- Secretaria General de la Federación de Mujeres Cubanas en la Ciudad de La Habana

Subordinación Directa: Dora Carcaño
Jorge Lezcano

Comentario: Representación femenina y de organizaciones de masas en el Comité Central.

Nivel: 3.3

LEZCANO PEREZ, JORGE

Lugar de Nacimiento: Camagüey
Fecha de Nacimiento: 1933 *
Raza: Blanca
Nivel Escolar: Universitario
Especialidad: Ciencias Políticas

Vinculación Política antes de 1959:

- Juventud Socialista Popular

Vinculación Política después de 1959:

1959, Organizaciones Revolucionarias Integradas
1962, Partido Unido de la Revolución Socialista
1965, Partido Comunista de Cuba
1975, Miembro Efectivo del Comité Central

Esfera de Influencia: Política

Trayectoria laboral:

1959,   Funcionario de Organizaciones Revolucionarias Integradas en Camagüey
1962,   Funcionario del Partido Unido de la Revolución Socialista en Camagüey
1968,   Secretario de Organización del Partido en Camagüey
1972,   Coordinador Nacional de los Comités de Defensa de la Revolución
1980,   Ministro sin Cartera y miembro del Equipo de Coordinación y Apoyo del Comandante en Jefe
1982,   Vicepresidente de la Asamblea Nacional del Poder Popular
1986,   Primer Secretario Partido en Ciudad Habana

Cargos en 1989:

- Miembro Pleno del Comité Central
- Primer Secretario del Partido en Ciudad Habana

Subordinación Directa: Fidel Castro
                                    Raúl Castro
                                    José Ramón Machado

Comentario: La importancia y complejidad de la Ciudad de La Habana le otorgan un nivel especial al Secretario del Partido de la misma. Además Lezcano ha sido un hombre muy cercano a Fidel Castro y siempre ha ocupado posiciones importantes.

Nivel: 3.1

LINARES CALVO, FRANCISCO

Lugar de Nacimiento: Pinar del Río
Fecha de Nacimiento: 1935
Raza: Blanca

Vinculación Política antes de 1959:

- Movimiento 26 de Julio

Vinculación Política después de 1959:

1962,   Partido Unido de la Revolución Socialista
1965,   Partido Comunista de Cuba
1980,   Miembro Suplente del Comité Central
1986,   Miembro Efectivo del Comité Central

Esfera de Influencia: —

Trayectoria laboral:

1959, Funcionario de la Administración Municipal del Mariel
1962, Funcionario del Partido de la Revolución Socialista del Mariel
1965, Secretario General de la Central de Trabajadores en Artemisa
1966, Secretario Organizador de la Central de Trabajadores en Pinar del Río
1968, Secretario General de la Central de Trabajadores en Pinar del Río
1975, Secretario General de la Central de Trabajadores de en La Habana
1976, Secretario General de la Central de Trabajadores en Ciudad de La Habana
1980, Miembro del Equipo de Coordinación y Apoyo del Comandante en Jefe
1986, Ministro-Presidente del Comité Estatal del Trabajo y Seguridad Social

Cargos en 1989:

- Miembro Efectivo del Comité Central
- Ministro-Presidente del Comité Estatal del Trabajo y Seguridad Social

Nivel: 2.2

LINARES VALDES, JOSE

Lugar de Nacimiento: La Habana
Fecha de Nacimiento: 1936
Raza: Negra

Vinculación Política después de 1959:

1962, Partido Unido de la Revolución Socialista
1965, Partido Comunista de Cuba
1980, Miembro Efectivo del Comité Central

Esfera de Influencia: Política

Trayectoria laboral:

1964, Funcionario de la Central Sindical
1971, Secretario General del Sindicato de la Industria Alimenticia

Cargos en 1989:

- Miembro Efectivo del Comité Central
- Secretario General del Sindicato de la Industria Alimenticia

Subordinación Directa: Pedro Ross Leal

Comentario: Representante de Organizaciones de masas en el Comité Central.

Nivel: 2.3

LOPEZ CUBA, NESTOR

Lugar de Nacimiento:	Oriente
Fecha de Nacimiento:	1938 *
Raza:	Blanca
Nivel Escolar:	Universitario
Especialidad:	Ciencias Militares

Vinculación Política antes de 1959:

- Movimiento 26 de Julio
- Combatiente del Ejército Rebelde

Vinculación Política después de 1959:

1965, Partido Comunista de Cuba
1980, Miembro Efectivo del Comité Central

Esfera de Influencia: Militar

Trayectoria laboral:

— Jefe del Cuerpo de Ejército de La Habana
— Jefe del Cuerpo de Ejército del Centro
— Jefe del Cuerpo Sur del Ejército de Oriente
— Misiones en Angola, Etiopía y Nicaragua

Cargos en 1989:

- Miembro Efectivo del Comité Central
- Jefe del Cuerpo Sur del Ejército de Oriente
- General de Brigada

Subordinación Directa: Ramón Espinosa

Comentario: Su ascenso e inclusión en el Comité Central está asociado con la relevancia que han adquirido los militares debido a las incursiones guerreras de Cuba en el extranjero.

Nivel: 2.1

LOPEZ LOPEZ, MANUEL

Lugar de Nacimiento: Matanzas
Fecha de Nacimiento: 1926 *
Raza: Blanca

Vinculación Política después de 1959:

- 1986, Miembro Efectivo del Comité Central

Esfera de Influencia: ---

Trayectoria laboral:

- Pequeño campesino
- Presidente de la cooperativa agrícola "17 de Mayo" en Matanzas

Cargos en 1989:

- Miembro Efectivo del Comité Central
- Presidente de la cooperativa agrícola "17 de Mayo"

Comentario: Dirigente de base del campesinado

Nivel: F

LOPEZ MORENO, JOSE ANTONIO

Lugar de Nacimiento:	La Habana
Fecha de Nacimiento:	1936
Raza:	Blanca
Nivel Escolar:	Medio
Especialidad:	Contabilidad

Vinculación Política después de 1959:

1968,   Partido Comunista de Cuba
1980,   Miembro Efectivo del Comité Central

Esfera de Influencia: ---

Trayectoria laboral:

1959,   Funcionario de Obras Públicas
1962,   Jefe Económico del Ministerio de la Construcción en La Habana
1964,   Director de Planicación del Ministerio de la Construcción
1967,   Jefe del Grupo Nacional de Materiales de Construcción
1971,   Jefe del Sector dela Construcción en Oriente
1976,   Vicepresidente del Comité Ejecutivo del Consejo de Ministros y Ministro de la Construcción
1985,   Presidente de la Junta Central de Planificación

Cargos en 1989:

-   Miembro Efectivo del Comité Central

Comentario: Fue la última víctima del voluntarismo económico imperante en Cuba. Se desconoce su ubicación actual.

Nivel: D

LOPEZ SOTOLONGO, ROGELIO

Lugar de Nacimiento: La Habana
Fecha de Nacimiento: 1931 *
Raza: Negra
Nivel Escolar: Medio
Especialidad: Metalurgia

Vinculación Política después del 1959:

1966,   Partido Comunista de Cuba
1986,   Miembro Efectivo del Comité Central

Cargos en 1989:

- Miembro Efectivo del Comité Central
- Secretario del Comité del Partido de la Empresa Antillana de Acero

Comentario: Representante de la dirigencia política en la industria

Nivel: F

LOYOLA FERNANDEZ, JOSE

Fecha de Nacimiento: 1945*
Raza: Negra
Nivel Escolar: Universitario
Especialidad: Música

Vinculación Política después del 1959:

1986,   Miembro Efectivo del Comité Central

Esfera de Influencia: ---

Cargos en 1989:

Profesor de Música del Instituto Superior de Arte.

Comentario: Representante del sector de la cultura

Nivel: F

LUGO FONTE, ORLANDO

Lugar de Nacimiento: Pinar del Río
Fecha de Nacimiento: 1935
Raza: Blanca

Vinculación Política antes del 1959:

- Movimiento 26 de Julio

Vinculación Política después del 1959:

1959, Organizaciones Revolucionaias Integradas
1962, Partido Unido de la Revolución Socialista
1965, Partido Comunista de Cuba
1980, Miembro Suplente del Comité Central
1986, Miembro Efectivo del Comité Central

Esfera de Influencia: Política

Trayectoria Laboral:

1959, Oficial de las Fuerzas Armadas
1962, Funcionario del Partido Unido de la Revolución Socialista en Pinar del Río
1965, Escuela Nacional del Partido
1967, Funcionario del Partido en Pinar del Río
1976, Presidente del Poder Popular en Pinar del Río
1985, Primer Secretario del Partido en Pinar del Río
1987, Presidente de la Asociación Nacional de Agricultores Pequeños

Cargos en 1989:

- Miembro Efectivo del Comité Central
- Presidente de la Asociación Nacional de Agricultores Pequeños
- Miembro del Consejo de Estado

Subordinación Directa: Fidel Castro
José Ramón Machado Ventura

Comentario: Su inclusión en el Comité Central estuvo dada por haber ocupado la posición de Secretario del Partido en Pinar del Río en 1986. Al haber sido nombrado Presidente de la Asociación de Agricultores Pequeños, su permanencia en el Comité Central está asegurada y quizás también su promoción al Buró Político.

Nivel: 2.1

MACHADO VENTURA, JOSE RAMON

Lugar de Nacimento:	Las Villas
Fecha de Nacimiento:	1930
Raza:	Blanca
Nivel Escolar:	Universitario
Especialidad:	Medicina

Vinculación Política antes de 1959:

- Movimiento 26 de Julio
- Combatiente de la Sierra Maestra

Vinculación Política después de 1959:

1959, Organizaciones Revolucionarios Integrales
1962, Partido Unido de la Revolución Socialista
1965, Miembro Efectivo del Comité Central
1975, Miembro del Buró Político y del Secretariado del Comité Central

Esfera de Influencia: Política

Trayectoria Laboral :

1959, Director de Servicios Médicos de la Habana
1960, Ministro de Salud Pública
1968, Delegado del Buró Político en Matanzas
1971, Primer Secretario del Partido en la Habana
1976, Miembro del Secretariado del Comité Central a cargo de la organización y control de la actividad partidaria

Cargos en 1989:

- Miembro del Secretariado del Comité Central del Partido
- Miembro Efectivo del Comité Central
- Miembro del Buró político
- Miembro del Consejo de Estado

Subordinación Directa: Raúl Castro Ruz

Comentario: Es el controlador del Partido. Su función es velar por el buen funcionamiento del Partido y que este mantenga su papel hegemónico en todas las actividades de la sociedad cubana.

Nivel: 1.1

MALMIERCA PEOLI, ISIDORO

Lugar de Nacimento:	La Habana
Fecha de Nacimiento:	1927
Raza:	Blanca
Nivel Escolar:	Universitario
Especialidad:	Derecho

Vinculación Política antes de 1959:

- Partido Socialista Popular

Vinculación Política después de 1959:

1959, Organizaciones Revolucionarias Integradas
1962, Partido Unido de la Revolución Socialista
1965, Miembro Efectivo del Comité Central

Esfera de Influencia: Política

Trayectoria Laboral:

1959, Delegado de Organizaciones Revolucionarias Integradas en Pinar del Río
1962, Delegado del Partido Unido de la Revolución Socialista en la Habana
1963, Viceministro del Ministerio del Interior
1965, Director del periódico "Granma"
1968, Sub-Director del Instituto Nacional de la Pesca

1972, Miembro del Secretariado del Comité Central
1976, Ministro de Relaciones Exteriores

Cargos en 1989:

- Miembro Efectivo del Comité Central
- Ministro de Relaciones Exteriores

Subordinación Directa: Fidel Castro
Carlos Rafael Rodríguez
Jorge Risquet

Comentario: Sus funciones como Ministro de Relaciones Exteriores se ven en extremo limitadas por la centralización de Fidel Castro, la autoridad en este campo de Carlos Rafael Rodríguez y Jorge Risquet.

Nivel: 2.1

MANRESA GONZALEZ, ARMANDO

Lugar de Nacimento: La Habana
Fecha de Nacimiento: 1943
Raza: Blanca
Nivel Escolar: Medio
Especialidad: Metalurgia

Vinculación Política después de 1959:

1963, Unión de Jóvenes Comunistas
1966, Partido Comunista de Cuba
1980, Miembro Suplente del Comité Central
1986, Miembro Efectivo del Comité Central

Esfera de Influencia: Política

Trayectoria Laboral:

1961, Escuela de Instructores Políticos "Osvaldo Sánchez"
1961, Estudio de Metalurgia en la Unión Soviética
1963, Responsable de Tecnología de la Empresa Metalúrgica de la Habana
1969, Funcionario de la Unión de Jóvenes Comunistas en la Habana

1969,   Funcionario del Partido en La Habana
1976,   Segundo Secretario del Partido en La Habana
1979,   Primer Secretario del Partido en el municipio especial Isla de la Juventud

Cargos en 1989:

- Miembro Efectivo del Comité Central
- Primer Secretario del Partido en el municipio especial Isla de la Juventud

Subordinación Directa: Raúl Castro
José Ramón Machado Ventura

Comentario: Su esfera de influencia está limitada a la provincia que dirige

Nivel: 3.2

MANZANARES AYALA, TANIA

Lugar de Nacimento: La Habana
Fecha de Nacimiento: 1950
Raza: Mestiza
Nivel Escolar: Universitario

Vinculación Política después de 1959:

1986,   Miembro Efectivo del Comité Central

Cargos en 1989:

- Miembro Efectivo del Comité Central
- Secretaria General del Partido en la Universidad de la Habana

Comentario: Representación del dirigente político femenino en la base

Nivel: F

MENA KINDELAN, ANGEL

Lugar de Nacimento: Oriente
Fecha de Nacimiento: 1936*
Raza: Negra

Vinculación Política después de 1959:

1986,   Miembro Efectivo del Comité Central

Esfera de Influencia: Política

Cargos en 1989:

- Miembro Efectivo del Comité Central
- Secretario General de la Central de Trabajadores de Cuba en Guantánamo

Subordinación Directa: Raúl Michel Vargas
                             Pedro Ross Leal

Comentario: Representante negro de las organizaciones de masas provinciales

Nivel: 3.4

MENDOZA REBOREDO, JORGE E.

Lugar de Nacimento: Las Villas
Fecha de Nacimiento: 1930*
Raza: Blanca
Nivel Escolar: Universitario

Vinculación Política antes de 1959:

- Movimiento 26 de Julio
- Combatiente del Ejército Rebelde

Vinculación Política después de 1959:

1959,   Organizaciones Revolucionarias Integradas
1962,   Partido Unido de la Revolución Socialista
1965,   Partido Comunista de Cuba
1975,   Miembro Efectivo del Comité Central

Esfera de Influencia: ---

Trayectoria Laboral:

1959,   Oficial de la Dirección de Propaganda de las Fuerzas Armadas
1959,   Delegado del Instituto Nacional de Reforma Agraria en Camaguey
1967,   Director del Periódico Granma
1987,   Director del Instituto de Historia en el Comité Central

Cargos en 1989:

- Miembro Efectivo del Comité Central
- Director del Instituto de Historia del Comité Central

Subordinación Directa: Raúl Castro

Comentario: Su destitución como director del Periódico Granma, órgano oficial del Partido, significó la pérdida de su influyente posición y no es de esperar que regrese a posiciones importantes así como que figure en el próximo Comité Central

Nivel: D

MENENDEZ TOMASSEVICH, RAUL

Lugar de Nacimiento: Oriente
Fecha de Nacimiento: 1932
Raza: Blanca
Nivel Escolar: Universitario
Especialidad: Ciencias Militares

Vinculación Política antes de 1959:

- Movimiento 26 de Julio
- Combatiente del Ejército Rebelde

Vinculación Política después de 1959:

1959,   Organizaciones Revolucionarias Integradas
1962,   Partido Unido de la Revolución Socialista
1965,   Miembro Efectivo del Comité Central

Esfera de Influencia: Militar

Trayectoria Laboral:

1959, Jefe del Transporte Militar en la Habana
1961, Jefe del Ejército del Centro
1967, Misiones Militares en el extranjero
1969, Jefe del Ejército en Oriente
1975, Estudios en la Academia del Estado Mayor en la Unión Soviética
1977, Jefe de la Misión Militar en Angola
1979, Jefe del Ejército de Oriente
1981, Jefe del Ejército del Centro
1982, Jefe de la Misión Militar en Angola
1984, Viceministro de las Fuerzas Armadas a cargo de las Milicias de Tropas territoriales

Cargos en 1989:

- Miembro Efectivo del Comité Central
- Viceministro de las Fuerzas Armadas y Jefe de las Milicias de Tropas Territoriales
- General de División

Subordinación Directa: Raúl Castro
Ulises Rosales del Toro

Comentario: Participó en numerosas actividades militares internacionales y contaba con toda la confianza de los Castros, hasta que su etapa de jefe de la misión militar cubana en Angola estuvo a punto de culminar en una derrota de grandes proporciones para el ejército cubano. Por ello, aunque se le ha mantenido con el rango de Viceministro del Ministerio de las Fuerzas Armadas, se le ha encargado de la atención a las Milicias de Tropas territoriales, una tarea de segundo orden dentro de las Fuerzas Armadas

Nivel: 2.1

MICHEL VARGAS, RAUL

Lugar de Nacimiento:	Camaguey
Fecha de Nacimiento:	1939
Raza:	Mestiza

Vinculación Política después de 1959:

1963, Partido Unido de la Revolución Socialista
1965, Partido Comunista de Cuba
1980, Miembro Suplente del Comité Central

1986, Miembro Efectivo del Comité Central
1986, Miembro Suplente del Buró Político

Esfera de Influencia: Política

Trayectoria Laboral:

1960, Trabajador de la Construcción y la Agricultura
1963, Funcionario del Partido en la Habana
1969, Funcionario de la Agricultura en la Habana
1971, Funcionario del Partido en la Habana
1980, Segundo Secretario del Partido en la Habana
1982, Primer Secretario del Partido en Guantánamo

Cargos en 1989

- Miembro Suplente del Buró Político
- Miembro Efectivo del Comité Central
- Primer Secretario del Partido en Guantánamo

Subordinación Directa: Raúl Castro Ruz
José Ramón Machado Ventura

Comentario: Pertenece al trío de secretarios provinciales del Partido que fueron incluidos como miembros suplentes del Buró Político. De ellos es el menos destacado y debe esa distinción a su raza y origen humilde, lo cual le da representatividad al Buró Político

Nivel: 3.1

MIGUEL FERNANDEZ, HUMBERTO

Lugar de Nacimento: Las Villas
Fecha de Nacimiento 1935
Raza: Blanca
Nivel Escolar: Universitario
Especialidad: Ciencias Políticas

Vinculación Política antes de 1959:

- Movimiento 26 de Julio

150   Cuba: Las Estructuras del Poder

Vinculación Política después de 1959:

1963,   Partido Unido de la Revolución Socialista
1965,   Partido Comunista de Cuba
1986,   Miembro Efectivo del Comité Central

Esfera de Influencia: Política

Trayectoria Laboral:

1959,   Funcionario de Salud Pública
1962,   Presidente de la Junta Central de Inspección de Cienfuegos
1963,   Funcionario del Partido Unido de la Revolución Socialista en Cienfuegos
1964,   Secretario del Partido Unido de la revolución socialista en Cienfuegos
1965,   Primer Secretario del Partido en Cienfuegos
1966,   Secretario de Orientación Revolucionaria en Las Villas
1966,   Secretario Agropecuario del Partido de las Villas
1967,   Primer Secretario del Partido en la región de Cienfuegos
1976,   Primer Secretario del Partido en la provincia de Cienfuegos

Cargos en 1989:

-    Miembro Efectivo del Comité Central
-    Primer Secretario del Partido en Cienfuegos

Subordinación Directa: Raúl Castro Ruz
                             José Ramón Machado Ventura

Comentario: Su esfera de influencia está limitada a la provincia que dirige. Es un dirigente político histórico de la zona de Cienfuegos.

Nivel: 3.2

MIRET PRIETO, PEDRO

Lugar de Nacimento: Oriente
Fecha de Nacimiento: 1937
Raza: Blanca

Vinculación Política antes de 1959:

-    Movimiento 26 de Julio
-    Combatiente de la Sierra Maestra

Fichas Biograficas   151

Vinculación Política después de 1959:

1959,   Organizaciones Revolucionarias Integradas
1962,   Partido Unido de la Revolución Socialista
1965,   Miembro Efectivo del Comité Central
1975,   Miembro del Secretariado del Comité Central
1975,   Miembro del Buró Político

Esfera de Influencia: Administrativa

Trayectoria Laboral:

1959,   Viceministro de Defensa
1959,   Ministro de agricultura
1961,   Jefe de la Dirección de Artillería y Misiles de las Fuerzas Armadas
1966,   Viceministro de las Fuerzas Armadas
1969,   Ministro de Minería y Metalurgia
1975,   Miembro del Secretariado del Comité Central a cargo del sector de industria básica
1983,   Vicepresidente del Comité Ejecutivo del Consejo de Ministros a cargo de la industria básica

Cargos en 1989:

- Miembro Efectivo del Comité Central
- Miembro del Buró Político
- Vicepresidente del Comité Ejecutivo del Consejo de Ministros a cargo de la industria básica
- Miembro del Consejo de Estado

Subordinación Directa: Fidel Castro

Comentario: Tiene a su cargo, como vicepresidente del Consejo de Ministros, la dirección y control de los Ministerios de la Industria Básica y de Metalurgia y Sidero Mecánica. La atención de este importante sector de la economía, unido a su extenso historial y consolidada membresía en el Buró Político, le concede una importante posición en la jerarquía cubana.

Nivel: 1.2

MIYAR BARRUECOS, JOSE

Lugar de Nacimento:	Oriente
Fecha de Nacimiento:	1932
Raza:	Blanca
Nivel Escolar:	Universitario
Especialidad:	Medicina

Vinculación Política antes de 1959:

- Movimiento 26 de Julio

Vinculación Política después de 1959:

1967,   Partido Comunista de Cuba
1980,   Miembro Efectivo del Comité Central

Esfera de Influencia: Administrativa

Trayectoria Laboral:

1959,   Miembro de la comisión para el establecimiento del Servicio Médico
1960,   Miembro del Primer Contingente de Médicos Rurales
1961,   Director de Salud Pública
1962,   Director Nacional de Servicio Médico Rural
1964,   Viceministro de Salud Púbica a cargo de la Asistencia Médica
1968,   Rector de la Universidad de la Habana
1971,   Viceministro de Relaciones Exteriores
1972,   Director del Plan Cítricos
1977,   Jefe de las Oficinas de la Presidencia y del Consejo de Estado
1980,   Secretario de Consejo de estado

Cargos en 1989:

- Miembro efectivo del Comité Central
- Secretario del Consejo de Esdtado
- Secretario Personal de Fidel Castro

Subordinación Directa: Fidel Castro

Comentario: Al igual que José Naranjo, Miyer funge como un secretario de Fidel Castro y no como un elemento activo de dirección.

Nivel: 1.3

MONTANE OROPESA, JESUS

Lugar de Nacimiento: Isla de Pinos
Fecha de Nacimiento: 1927
Raza: Blanca
Nivel Escolar: Universitario
Especialidad: Ciencias Políticas

Vinculación Política antes de 1959:

- Miembro del 26 de Julio
- Expedicionario del Granma

Vinculación Política después de 1959:

1959, Organizaciones Revolucionarias Integradas
1962, Partido Unido de la Revolución Socialista
1965, Miembro Efectivo del Comité Central
1980, Miembro del Secretariado del Comité Central
1980, Miembro Supklente del Buró Político

Esfera de Influencia: Política

Trayectoria Laboral:

1959, Director de la Industria Turística
1963, Miniostro de Comunicaciones
1967, Delegado del buró Político en matánzas
1968, Jefe de la Comisión Histórica del Comité Central
1970, Jefe del Departamento de Organizaciones de Masas del Comité Central
1975, Miembro del Secretariado
1981, Jefe del Departamento de Relaciones Exteriores del Comité Central
1988, Ayudante del Comandante en Jefe

Cargos en 1989:

- Miembro Efectivo del Comité Central
- Ayudante del Comandante en Jefe

Subordinación Directa: Fidel Castro

Comentario: Es un hitórico clásico que ha tenido una trayectoria irregular. Su estrecha amistad personal con Fidel Castro lo ha llevado a ocupar el cargo de ayudante de éste.

Nivel: 1.3

MORALES CARTAYA, ALFREDO

Lugar de Nacimiento: La Habana
Fecha de Nacimiento: 1940*
Raza: Negra

Vinculación Política después de 1959:

1986, Miembro Efectivo del Comité Central

Esfera de Influencia: Política

Cargos en 1989:

- Miembro Efectivo del Comité Central
- Secretario General del Sindicato de los Trabajadores de la Educación

Subordinación Directa: Pedro Ross Leal

Comentario: Integra el grupo de la representación sindical del Comité Central

Nivel: 1.3

MORENO BOFILL, ANGEL ROSENDO

Lugar de Nacimiento: Oriente
Fecha de Nacimiento: 1945
Raza: Blanca
Nivel Escolar: Universitario
Especialidad: Ingeniero Mecánico

Vinculación Política después de 1959:

1963,   Unión de Jóvenes Comunistas
1968,   Partido Comunista de Cuba
1980,   Miembro Efectivo del Comité Central

Esfera de Influencia: Administrativa

Trayectoria Laboral:

1961,   Estudiante de tecnología mecánica en Checoslovaquia
1963,   Tecnólogo e Fábricas de Ministerioas Industriales
1982,   Miembro del Equipo de Coodinación y Apoyo del Comandante en Jefe

Cargos en 1989:

- Miembro Efectivo del Comité Central
- Miembro del Equipo de Coordinación y Apoyo del Comandante en Jefe

Subordinación Directa: Fidel Castro
                             José Naranjo

Comentario: Todos los miembros del "Equipo de Coordinación y Apoyo", por su estrecha relación con el máximo nivel, son candidatos a promociones, especialmente en el área administrativa.

Nivel: 2.1

NARANJO MORALES, JOSE

Lugar de Nacimento:	La Habana
Fecha de Nacimiento:	1928*
Raza:	Blanca
Nivel Escolar:	Universitario
Especialidad:	Medicina

Vinculación Política antes de 1959:

- Directorio Revolucionario "13 de Marzo"
- Combatiente del Ejército Rebelde

Vinculación Política después de 1959:

1959,   Organizaciones Revlucionarias Integradas
1962,   Partido Undo de la revolución Socialista
1965,   Miembro efectivo del Comité Central

Esfera de Influencia: Administrativa

Trayectoria Laboral:

1959,   Ministro de Gobernación
1962,   Comisionado Provincial de la Habana
1965,   Primer Secretario del Partido en la Habana
1965,   Ayudante personal de Fidel Castro
1967,   Ministro de la Industria Alimenticia
1981,   Ministro sin Cartera y Jefe del equipo de Coordinación y Apoyo del comandante en Jefe

Cargos en 1989:

- Miembro Efectivo del Comité Central
- Ministro si cartera y Jefe del equipo de Coodinacion y Aoyo del Comandante en Jefe
- Ayudante Personal de Fidel Castro

Subordinación Directa: Fidel Castro Ruz

Comentario: Uno de los Hombres más cercanos a Fidel Castro y coordinador del importante "Grupo de Coordinación y Apoyo" que trabaja directamente para éste. No obsante, "Pepin" es más un secretario que un trazador de políticas.

Nivel: 1.3

PEÑALVER VALDES, RENE

Lugar de Nacimento: Pinar del Río
Fecha de Nacimiento: 1933
Raza: Negra
Nivel Escolar: Medio

Vinculación Política antes de 1959:

- Partido socialista Popular
- Colaborador del Movimiento 26 de Julio

Vinculación Política después de 1959:

1959, Organixaciones revolucionarias integradas
1962, Partido Unido de la Revolución Socialista
1965, Partido Comunista de Cuba
1980, Miembro Efectivo del Comité Central

Esfera de Influencia: —

Trayectoria Laboral:

1959, Secretario General del Sindicato de Obreros Metalúrgicos en Artemisa
1960, Funcionario del Ministerio del Trabajo
1961, Presidente de la Junta Cental de Inspección en Artemisa
1962, Secretario del Partido Unido de la Revolución Socialista en Mariel
1963, Secretario General de la Central de Trabajadores de Cuba en Pinar del Río
1966, Funcionario del Partido en Pinar del Río
1967, Funcionario de la Agricultura en pinar del Río
1974, Secretario general del Sindicato de Trabajadores Agropecuarios
1984, Segundo Secretario de la Central de Trabajadores de Cuba

Cargos en 1989:

- Miembro Efectivo del Comité Central

Comentario: Fue separado de su cargo en 1989, lo que marca el fin de la carrera política de éste viejo dirigente sindical.

Nivel: D

PEREZ HERNANDEZ, FAUSTINO

Lugar de Nacimento: Las Villas
Fecha de Nacimiento: 1925 *
Raza: Blanca
Nivel Escolar: Universitario
Especialidad: Medicina

Vinculación Política antes de 1959:

- Movimiento 26 de Julio

Vinculación Política después de 1959:

1965,   Miembro Efectivo del Comité Central

Esfera de Influencia: Administrativa

Trayectoria Laboral:

1959,   Ministro de Recuperación de Bienes Malversados
1961,   Director del Instituto Nacional de Recursos Hidraúlicos
1969,   Primer Secretario del Partido en Sancti Spíritus
1973,   Embajador en Bulgaria
1977,   Jefe de la Oficina Nacional de Atención a los Poderes Populares

Cargos en 1989:

- Miembro Efectivo del Comité Central
- Jefe de la Oficina Nacional de Atención a los Poderes Populares

Subordinación Directa: Osmany Cienfuegos

Comentario: La oficina de Atención a los Poderes Populares, languidece tratando de resolver y coordinando con los Ministerios Nacionales pequeños problemas administrativos que plantean los Gobiernos Provinciales.

Nivel: 2.2

PEREZ HERRERO, ANTONIO

Lugar de Nacimiento: Oriente
Fecha de Nacimiento: 1927 *
Raza: Blanca
Nivel Escolar: Universitario
Especialidad: Ciencias Políticas

Vinculación Política antes de 1959:

- Movimiento 26 de Julio
- Combatiente del Ejército Rebelde

Vinculación Política después de 1959:

1959,   Organizaciones Revolucionarios Integradas
1962,   Partido Unido de la Revolución Socialista
1965,   Miembro Efectivo del Comité Central
1973,   Miembro del Secretariado del Comité Central
1980,   Miembro Suplente del Buró Político

Esfera de Influencia: Diplomática

Trayectoria Laboral:

—   Jefe de la Sección de Operaciones del Ejército Occidental
1965,   Jefe de la Dirección Política Central de las Fuerzs Armadas
1971,   Viceministro de las Fuerzas Armadas
1973,   Miembro del Secretariado del Comité Central a cargo de la esfera ideológica
1984,   Responsable de la Colaboración Civil con Angola
1985,   Embajador en Etiopía

Cargos en 1989:

- Miembro Efectivo del Comité Central
- Embajador en Etiopía

Subordinación Directa: Jorge Risquet

Comentario: Pérez Herrero fue en una época una figura de primerísimo orden en Cuba. Su desordenada vida personal motivaron la separación de los cargos y su alejamiento de la escena nacional

Nivel: 3.2

PIÑEIRO LOSADA, MANUEL

Lugar de Nacimiento: Matanzas
Fecha de Nacimiento: 1933
Raza: Blanca
Nivel Escolar: Universitario
Especialidad: Economía

Vinculación Política antes de 1959:

- Movimiento 26 de Julio

160   Cuba: Las Estructuras del Poder

- Combatiente del Ejército Rebelde

Vinculación Política después de 1959:

1959,   Organizaciones Revolucionarias Integradas
1962,   Partido Unido a la Revolución Socialista
1965,   Miembro Efectivo del Comité Central

Esfera de Influencia: Relaciones Exteriores

Trayectoria Laboral:

1959,   Jefe del Primer Distrito Militar en Oriente
1959,   Jefe de la Inteligencia del Ejército Rebelde
1961,   Viceministro del Ministerio del Interior
1976,   Jefe del Departamento América del Comité Central

Cargos en 1989:

- Miembro Efectivo del Comité Central
- Jefe del Departamento América del Comité Central

Subordinación Directa: Fidel Castro

Comentario: Piñeiro es el artífice de la subversión externa que Cuba auspicia, especialmente en América Latina.

Nivel: 1.3

PORTAL LEON, MARCOS

Lugar de Nacimiento: Las Villas
Fecha de Nacimiento: 1945
Raza: Blanca
Nivel Escolar: Universitario
Especialidad: Ingeniería Química

Vinculación Política después de 1959:

1961,   Asociación de Jóvenes Rebeldes
1962,   Unión de Jóvenes Comunistas
1970,   Partido Comunista de Cuba

1980,   Miembro Suplente del Comité Central
1986,   Miembro Efectivo del Comité Central

Esfera de Influencia: Administrativa

Trayectoria Laboral:

1965,   Estudiante de Ingeniería Química
1970,   Funcionario de la Unión de Jóvenes Comunistas
1971,   Secretario General de la Unión de Jóvenes Comunistas en la Universidad de la Habana
1973,   Director de la Empresa de Fertilizantes Nitrogenados de Nuevitas
1980,   Miembro del Equipo de Coordinación y Apoyo del Comandante en Jefe
1983,   Ministro de la Industria Básica

Cargos en 1989:

- Ministro Efectivo del Comité Central
- Ministro de la Industria Básica

Subordinación Directa: Pedro Miret Prieto
                             Osmany Cienfuegos

Comentario: El joven Ministro de la Industria Básica es un brillante y entusista ingeniero que clasifica como uno de lal pocas nuevas promociones del proceso revolucionario. No obstante, su actividad es muy específica y carece aún de un historial sólido que le permita ser consierado en el primer nivel de la élite dirigente en Cuba.

Nivel: 2.1

PUENTE FERRO, RODOLFO

Lugar de Nacimento: Oriente
Fecha de Nacimiento: 1926
Raza: Blanca
Nivel Escolar: Universitario
Especialidad: Medicina

Vinculación Política antes de 1959:

- Movimiento 26 de Julio

Vinculación Política después de 1959:

1962, Partido Unido de la Revolución Socialista
1965, Partido Comunista de Cuba
1980, Miembro Suplente del Comité Central
1986, Miembro Efectivo del Comité Central

Esfera de Influencia: Diplomática

Trayectoria laboral:

1959, Médico del Hospital de Las Tunas
1962, Secretario de Educación en Oriente
1967, Médico de las Fuerzas Armadas
1973, Jefe de la Sección de Salud Pública del Comité Central
1975, Jefe de la misión médico-militar en Angola y de las Fuerzas Civiles
1978, Funcionario en las oficinas del Segundo Secretario del Comité Central
1979, Vice-Jefe del Departamento de Relaciones Exteriores del Comité Central
1980, Segundo Secretario del Partido en la Las Tunas
1981, Primer Secretario del Partido en Las Tunas
1985, Embajador en Angola

Cargos en 1989:

- Miembro Efectivo del Comité Central
- Embajador en la República de Angola

Subordinación Directa: Jorge Risquet

Comentario: El cargo de embajador no es una posición de primer orden en la estructura cubana.

Nivel: 3.2

QUINTAS SOLAS, JOAQUIN

Lugar de Nacimiento:	Oriente
Fecha de Nacimiento:	1939 *
Raza:	Blanca
Nivel Escolar:	Universitario
Especialidad:	Ciencias Militares

Vinculación Política antes de 1959:

- Movimiento 26 de Julio
- Combatiente del Ejército Rebelde

Vinculación Política después de 1959:

1965, Partido Comunista de Cuba
1980, Miembro Efectivo del Comité Central

Esfera de Influencia: Militar

Trayectoria laboral:

1959, Oficial del Ministerio de las Fuerzas Armadas
1974, Jefe del Estado Mayor del Ejército del Centro
1975, Misiones Militares en Angola y Etiopía
1980, Segundo Jefe del Ejército de Occidente
1982, Jefe del Ejército de Occidente
1984, Jefe de la Dirección de Operaciones del Estado Mayor General de las Fuerzas Armadas
1988, Jefe del Ejército Central

Cargos en 1989:

- Miembro Efectivo del Comité Central
- Jefe del Ejército Central
- General de División

Subordinación Directa: Raúl Castro
Ulises Rosales del Toro

Comentario: La posición de jefe de un ejército dentro de las fuerzas armadas otorga, al que la ocupe, un poder real que va más allá de consideraciones de relaciones, historia o representatividad formal.

Nivel: 1.2

RAMIREZ CRUZ, JOSE

Lugar de Nacimiento: Las Villas
Fecha de Nacimiento: 1920
Raza: Blanca
Nivel Escolar: Medio

Vinculación Política antes de 1959:

- Partido Socialista Popular
- Combatiente del Ejército Rebelde

Vinculación Política posterior a 1959:

1959, Organizaciones Revolucionarias Integradas
1962, Partido Unido de la Revolución Socialista
1965, Miembro Efectivo del Comité Central
1980, Miembro Suplente del Buró Político

Esfera de Influencia: Política

Trayectoria laboral:

1959, Presidente de la Asociación Nacional de Agricultores Pequeños
1980, Miembro Suplente del Buró Político

Cargos en 1989:

- Miembro Efectivo del Comité Central
- Miembro Suplente del Buró Político
- Miembro del Consejo de Estado

Comentario: Fue relevado de su cargo de Presidente de la Asociación Nacional de Agricultores pequeños por supuestos problemas de salud.

Nivel: D

RAMOS PERERA, FIDEL

Lugar de Nacimiento: La Habana
Fecha de Nacimiento: 1942
Raza: Blanca
Nivel Escolar: Universitario
Especialidad: Ciencias Políticas

Vinculación Política después de 1959:

1964, Partido Unido de la Revolución Socialista
1965, Partido Comunista de Cuba

1980,   Miembro Suplente del Comité Central
1986,   Miembro Efectivo del Comité Central

Esfera de Influencia: Política

Trayectoria laboral:

1963,   Oficial a cargo de Instrucción Política en las Fuerzas Armadas
1967,   Primer Secretario del Partido en la Región de Pinar del Río
1972,   Primer Secretario del Partido en la Región de San Cristobal
1976,   Misión en Angola
1978,   Primer Secretario del Partido el municipio de San Cristobal
1980,   Segundo Jefe del Departamento Azucarero del Comité Central
1982,   Jefe del Departamento Azucarero del Comité Central
1986,   Primer Secretario del Partido en Pinar del Río

Cargos en 1989:

- Miembro Efectivo del Comité Central
- Primer Secretario del Partido en Pinar del Río

Subordinación Directa: Raúl Castro Ruz
                             José Ramón Machado Ventura

Comentario: Su esfera de influencia está limitada a la provincia que dirige.

Nivel: 3.2

REYES FERNANDEZ, MARIA C.

Lugar de Nacimiento: La Habana
Fecha de Nacimiento: 1953 *
Raza: Blanca
Nivel Escolar: Universitario
Especialidad: Medicina

Vinculación Política después de 1959:

1972,   Unión de Jóvenes Comunistas
1979,   Partido Comunista de Cuba
1986,   Miembro Efectivo del Comité Central

Esfera de Influencia: —

Trayectoria laboral:

1971, Estudiante de Medicina
1977, Médico del Hospital Clínico-Quirúrgico en Ciudad de La Habana
1979, Médico del Policlínico de Lawton en Ciudad de La Habana

Cargos en 1989:

- Miembro Efectivo del Comité Central
- Médico General del Policlínico de Lawton en Ciudad de La Habana

Comentario: Es la representación en el Comité Central del "médico de la familia", el plan directamente priorizado por Fidel Castro para mejorar el sistema cubano de Salud.

Nivel: F

RISQUET VALDES, JORGE

Lugar de Nacimiento: Las Villas
Fecha de Nacimiento: 1927 *
Raza: Blanca

Vinculación Política antes de 1959:

- Juventud Socialista Popular
- Partido Socialista Popular
- Movimiento 26 de Julio
- Combatiente de la Sierra Maestra

Vinculación Política después de 1959:

1959, Organizaciones Revolucionarias Integradas
1962, Partido Unido de la Revolución Socialista
1965, Miembro Efectivo del Comité Central
1975, Miembro del Secretariado del Comité Central
1980, Miembro del Buró Político

Esfera de Influencia: Relaciones Exteriores

Trayectoria laboral:

1959, Oficial del Ministerio de las Fuerzas Armadas a cargo de tareas políticas
1964, Misiones especiales en Africa
1967, Ministro del Trabajo
1975, Miembro del Secretariado a cargo de las Relaciones Exteriores

Cargos en 1989:

- Miembro efectivo del Comité Central
- Miembro del Buró Político
- Miembro del Secretariado

Subordinación Directa: Fidel Castro Ruz

Comentario: Se ha convertido en la principal figura de las Relaciones Exteriores en Cuba y es el hombre de Fidel Castro para toda la estrategia y relaciones con el tercer mundo. Risquet es, en estos momentos, uno de los hombres más influyentes de la nomenclatura cubana.

Nivel: 1.1

RIZO ALVAREZ, JULIAN

Lugar de Nacimiento: Matanzas
Fecha de Nacimiento: 1930
Raza: Blanca
Nivel Escolar: Universitario
Especialidad: Ciencias Políticas

Vinculación Política antes de 1959:

- Movimiento 26 de Julio
- Combatiente del Ejercito Rebelde

Vinculación Política posterior a 1959:

1959, Organizaciones Revolucionarias Integradas
1962, Partido Unido de la Revolución Socialista
1965, Partido Comunista de Cuba
1975, Miembro Efectivo del Comité Central
1980, Miembro del Secretariado del Comité Central
1986, Miembro Suplente del Buró Político

Esfera de Influencia: Política

Trayectoria laboral:

1960, Funcionario de las Organizaciones Revolucionarias Integradas en Oriente
1962, Secretario del Partido Unido de la Revolución Socialista en Camagüey
1965, Viceministro del Ministerio de Trabajo
1965, Primer Secretario del Partido en Pinar del Río
1971, Primer Secretario del Partido en Matanzas
1980, Miembro del Secretariado del Comité Central

Cargos en 1989:

- Miembro Suplente del Buró Político
- Miembro del Secretariado del Comité Central a cargo del Azúcar y la Agricultura

Subordinación Directa: Raúl Castro Ruz
José Ramón Machado Ventura

Comentario: Atiende, como miembro del Secretariado, los Sectores de Agricultura y Azúcar. Ha tenido una sistemática carrera ascendente, que lo ha llevado a ser uno de los pocos que integran el Secretariado y el Buró Político.

Nivel: 1.2

ROBAINA GONZALEZ, ROBERTO

Lugar de Nacimiento: La Habana
Fecha de Nacimiento: 1952 *
Raza: Blanca
Nivel Escolar: Universitario

Vinculación Política después de 1959:

1986, Miembro Efectivo del Comité Central

Esfera de Influencia: Política

Trayectoria laboral:

1982, Segundo Secretario de la Unión de Jóvenes Comunistas
1986, Primer Secretario de la Unión de Jóvenes Comunistas

Cargos en 1989:

- Miembro Efectivo del Comité Central
- Primer Secretario de la Unión de Jóvenes Comunistas
- Miembro del Consejo de Estado

Subordinación Directa: José Ramón Machado Ventura

Comentario: Es tradición que el Secretario de la Unión de Jóvenes Comunistas integre el Comité Central.

Nivel: 2.2

ROBINSON AGRAMONTE, GLADYS

Lugar de Nacimiento: Oriente
Fecha de Nacimiento: 1954
Raza: Negra
Nivel Escolar: Medio

Esfera de Influencia: —

Cargos en 1989:

- Miembro Efectivo del Comité Central
- Jefa del Departamento de Control Técnico de la Empresa Pedro Soto Alba en Moa.

Comentario: Su condición de mujer y negra le permitieron ser seleccionada para representar a la clase obrera en el Comité Central

Nivel: F

ROCHE ALVAREZ, PEDRO

Lugar de Nacimiento: La Habana
Fecha de Nacimiento: 1938
Raza: Blanca

Vinculación Política después de 1959:

1968, Partido Comunista de Cuba

1980, Miembro Efectivo del Comité Central

Esfera de Influencia: Política

Trayectoria laboral:

1959, Funcionario de la Asociación de Agricultores Pequeños en La Habana
1962, Funcionario de la Asociación Nacional de Agricultores Pequeños
1977, Vicepresidente de la Asociación Nacional de Agricultores Pequeños

Cargos en 1989:

- Miembro Efectivo del Comité Central
- Vicepresidente de la Asociación Nacional de Agricultores Pequeños

Subordinación Directa: Orlando Lugo

Comentario: Representación de los dirigentes campesinos

Nivel: 2.3

RODRIGUEZ CARDONA, SONIA

Lugar de Nacimiento: Oriente
Fecha de Nacimiento: 1942
Raza: Blanca
Nivel Escolar: Medio
Especialidad: Maestra Primaria

Vinculación Política antes de 1959:

- Movimiento 26 de Julio

Vinculación Política después de 1959:

1959, Asociación de Jóvenes Rebeldes
1962, Unión de Jóvenes Comunistas
1968, Partido Comunista de Cuba
1980, Miembro Suplente del Comité Central
1986, Miembro Efectivo del Comité Central

Esfera de Influencia: Administrativa

Trayectoria laboral:

1966, Maestra
1972, Funcionaria del Partido en Palma Soriano
1977, Vicepresidenta del Poder Popular en Palma Soriano
1983, Miembro del Grupo de Coordinación y Apoyo del Comandante en Jefe
1986, Ministra del Comité Estatal de Abastecimiento Técnico Material

Cargos en 1989:

- Miembro Efectivo del Comité Central
- Ministra del Comité Estatal de Abastecimiento Técnico Material

Subordinación Directa: Osmany Cienfuegos

Comentario: El Ministerio que dirige se ocupa de la distribución y comercialización de una gran parte de los recursos para la esfera productiva en Cuba, y por ello, Fidel Castro le brinda una atención preferencial.

Nivel: 2.1

RODRIGUEZ CRUZ, RENE

Lugar de Nacimiento: Matanzas
Fecha de Nacimiento: 1931
Raza: Blanca
Nivel Escolar: Universitario
Especialidad: Ciencias Políticas

Vinculación Política antes de 1959:

- Movimiento 26 de Julio
- Combatiente del Ejército Rebelde

Vinculación Política después de 1959:

1968, Partido Comunista de Cuba
1980, Miembro Efectivo del Comité Central

Esfera de Influencia: Relaciones Exteriores

Trayectoria laboral:

1959,   Oficial de las Fuerzas Armadas
1968,   Jefe de Zafra en Centrales Azucareros de Oriente
1971,   Funcionario del Partido en Oriente
1977,   Presidente del Instituto Cubano de Amistad con los Pueblos

Cargos en 1989:

-   Miembro Efectivo del Comité Central
-   Presidente del Instituto Cubano de Amistad con los Pueblos

Subordinación Directa: Jesús Bermúdez Cutiño
                             Manuel Piñeiro Losada

Comentario: El Instituto Cubano de Amistad con los Pueblos ha sido uno de los principales vehículos utilizado por el Gobierno Cubano para fomentar y canalizar sus relaciones con agrupaciones de extrema izquierda a través de todo el mundo.

Nivel: 2.2

RODRIGUEZ HERNANDEZ, LUIS

Lugar de Nacimiento: Las Villas
Fecha de Nacimiento: 1932
Raza: Blanca
Nivel Escolar: Universitario
Especialidad: Ciencias Jurídicas

Vinculación Política antes de 1959:

-   Partido Socialista Popular

Vinculación Política después de 1959:

1962,   Partido Unido de la Revolución Socialista
1965,   Partido Comunista de Cuba
1980,   Miembro Suplente del Comité Central
1986,   Miembro Efectivo del Comité Central

Esfera de Influencia: Política

Trayectoria laboral:

1959,   Oficial del Ministerio del Interior en Matanzas
1971,   Primer Secretario del Partido en Cárdenas
1975,   Segundo Secretario del Partido en Matanzas
1980,   Segundo Secretario del Partido en Camagüey

Cargos en 1989:

- Miembro Efectivo del Comité Central
- Segundo Secretario del Partido en Camagüey

Subordinación Directa: Lázaro Vázquez

Comentario: Incluído en el Comité Central para respaldar y reforzar la autoridad del primer secretario de la provincia que es miembro suplente del Buró Político

Nivel: 3.3

RODRIGUEZ LLOMPART, HECTOR

Lugar de Nacimiento: La Habana
Fecha de Nacimiento: 1934 *
Raza: Blanca
Nivel Escolar: Universitario
Especialidad: Ciencias Políticas

Vinculación Política antes de 1959:

- Movimiento 26 de Julio

Vinculación Política después de 1959:

1968,   Partido Comunista de Cuba
1975,   Miembro Efectivo del Comité Central

Esfera de Influencia: Administrativa

Trayectoria laboral:

1960,   Viceministro de Comercio Exterior
1964,   Embajador en la República Democrática Alemana

1972, Vicepresidente del la Comisión de Colaboración Económica
1975, Ministro del Comité Estatal de Colaboración Económica
1984, Ministro-Presidente del Banco Nacional de Cuba

Cargos en 1989:

- Miembro Efectivo del Comité Central
- Ministro-Presidente del Banco Nacional de Cuba

Subordinación Directa: Carlos Rafael Rodríguez

Comentario: A pesar de su importante cargo, Rodríguez Llompart carece realmente de autoridad para definir políticas financieras, no ya sólo externas, sino tampoco internas. Carlos Rafael Rodríguez es el dirigente que le ha facilitado sus promociones en el aparato administrativo.

Nivel: 2.1

RODRIGUEZ MAURELL, ANTONIO

Lugar de Nacimiento:	Matanzas
Fecha de Nacimiento:	1938 *
Raza:	Blanca

Vinculación Política después de 1959:

1986, Miembro Efectivo del Comité Central

Esfera de Influencia: Administrativa

Trayectoria laboral:

—- Funcionario del Partido en Matanzas
—- Miembro de la Comisión para la creación de los Poderes Populares
—- Delegado del Ministerio del Azúcar en Matanzas
—- Funcionario del Ministerio de la Industria Azucarera
1981, Ministro del Comité Estatal de Precios
1984, Vicepresidente del Comité Ejecutivo del Consejo de Ministros a cargo de la Agricultura
1985, Ministro del Azúcar
1987, Vicepresidente del Comité Ejecutivo del Consejo de Ministros a cargo de los sectores Agropecuario y Azucarero
1989, Vicepresidente del Comité Ejecutivo del Consejo de Ministros y Presidente de la Junta Central de Planificación

Cargos en 1989:

- Miembro Efectivo del Comité Central
- Vicepresidente del Comité Ejecutivo del Consejo de Ministros y Presidente de la Junta Central de Planificación

Subordinación Directa: Osmany Cienfuegos

Comentario: Su cargo al frente de la Junta Central de Planificación es imposible de mantener, por mucho tiempo, sin entrar en contradicción con la centralizada dirección de Fidel Castro.

Nivel: 1.3

RODRIGUEZ RODRIGUEZ, CARLOS R.

Lugar de Nacimiento:	Las Villas
Fecha de Nacimiento:	1913
Raza:	Blanca
Nivel Escolar:	Universitario
Especialidad:	Economía

Vinculación Política antes de 1959:

- Partido Socialista Popular

Vinculación Política después de 1959:

1959,	Organizaciones Revolucionarias Integradas
1962,	Partido Unido de la Revolución Socialista
1965,	Miembro efectivo del Comité Central
1965,	Miembro del Secretariado del Comité Central
1975,	Miembro del Buró Político

Esfera de Influencia: Administrativa y Diplomática

Trayectoria laboral:

1959,	Editor del Periódico "Hoy"
1959,	Miembro del equipo de redacción de decretos gubernamentales
1962,	Vicepresidente del Instituto Nacional de Reforma Agraria
1965,	Miembro del Secretariado del Comité Central

1970, Presidente de la Comisión Nacional de Colaboración Económica y Científico Técnica
1972, Vicepresidente del Comité Ejecutivo del Consejo de Ministros a cargo de las relaciones económicas externas

Cargos en 1989:

- Miembro efectivo del Comité Central
- Miembro del Buró Político
- Vicepresidente del Comité Ejecutivo del Consejo de Ministros a cargo de las relaciones económicas externas
- Miembro del Consejo de Estado

Subordinación Directa: Fidel Castro Ruz

Comentario: Su avanzada edad no le hacen un cuadro de perspectivas, aunque todavía es una figura de primera línea.

Nivel: 1.2

ROSALES DEL TORO, ULISES

Lugar de Nacimiento: Oriente
Fecha de Nacimiento: 1942
Raza: Blanca
Nivel Escolar: Universitario
Especialidad: Ciencias Militares

Vinculación Política antes de 1959:

- Movimiento 26 de Julio
- Combatiente del Ejército Rebelde

Vinculación Política posterior a 1959:

1962, Partido Unido de la Revolución Socialista
1965, Partido Comunista de Cuba
1975, Miembro Efectivo del Comité Central
1986, Miembro Suplente del Buró Político

Esfera de Influencia: Militar

Trayectoria laboral:

1959, Oficial de las Fuerzas Armadas Revolucionarias
1976, Jefe de la Agrupación de Tropas en el Sur de Angola
1978, Estudios en la Academia del Estado Mayor de la Unión Soviética
1979, Jefe del Ejército Occidental
1982, Viceministro y Jefe del Estado Mayor General de las Fuerzas Armadas
1989, Primer Sustituto del Ministros de las Fuerzas Armadas

Cargos en 1989:

- Miembro Suplente del Buró Político
- Miembro Efectivo del Comité Central
- Primer Sustituto del Ministro de las Fuerzas Armadas
- Jefe del Estado Mayor General del Ministerio de las Fuerzas Armadas
- General de División

Subordinación Directa: Raúl Castro Ruz

Comentario: El movimiento de Colomé hacia el Ministerio del Interior deja a Rosales como segundo de las Fuerzas Armadas y, por ende, como uno de las figuras principales del país.

Nivel: 1.1

ROSS LEAL, PEDRO

Lugar de Nacimiento:	Oriente
Fecha de Nacimiento:	1939
Raza:	Negra
Nivel Escolar:	Universitario
Especialidad:	Ciencias Políticas

Vinculación Política antes de 1959:

- Juventud Socialista Popular

Vinculación Política posterior a 1959:

1962, Partido Unido de la Revolución Socialista
1965, Partido Comunista de Cuba
1980, Miembro Suplente del Comité Central

1986,   Miembro Efectivo del Comité Central
1987,   Miembro del Secretariado del Comité Central

Esfera de Influencia: Política

Trayectoria Laboral:

1961,   Funcionario del Instituto Nacional de Reforma Agraria en Oriente
1962,   Funcionario del Partido Unido de la Revolución Socialista en Oriente
1966,   Director de Agricultura en Holguín
1971,   Jefe de la Zafra Azucarera en Oriente
1975,   Jefe de Sección del Departamento Agropecuario del Comité Central
1976,   Miembro de la Misión Civil en Angola
1980,   Jefe del Departamento de Transportes del Comité Central
1987,   Miembro del Secretariado a cargo del Transporte y las Construcciones
1988,   Presidente de la Comisión Preparatoria del XVI Congreso de la Central de Trabajadores

Cargos en 1989:

-   Miembro del Secretariado del Comité Central a cargo de las Construcciones y el Transporte
-   Miembro Efectivo del Comité Central
-   Presidente de la Comisión Preparatoria del XVI Congreso de la Central de Trabajadores

Subordinación Directa: Raúl Castro Ruz
                             José Ramón Machado Ventura

Comentario: Fue promovido al secretariado para atender los Sectores de Transporte y Construcción. Recientemente fue nombrado presidente de la comisión preparatoria para el XVI Congreso de los Sindicatos Cubanos, lo cual equivale a que Ross será el próximo Secretario General de esa organización y, con ello, su promoción al Buró Político está asegurada.

Nivel: 1.2

SCHUEG COLAS, VICTOR

Lugar de Nacimiento:	Oriente
Fecha de Nacimiento:	1936
Raza:	Negra
Nivel Escolar:	Universitario
Especialidad:	Ciencias Militares

Vinculación Política antes de 1959:

- Movimiento 26 de Julio
- Combatiente del Ejército Rebelde

Vinculación Política después de 1959:

1980, Miembro Suplente del Comité Central
1986, Miembro Efectivo del Comité Central

Esfera de Influencia: Militar

Trayectoria laboral:

1959, Oficial del Ministerio de las Fuerzas Armadas
1962, Estudiante de la Academia Frunze de la Unión Soviética
1963, Jefe del Estado Mayor de la división 50 del Ejército Oriental
1965, Misión en el Congo
1967, Jefe de Servicios Logísticos del Ejército Oriental
1975, Jefe del Frente Norte de la Misión Militar en Angola
1978, Estudios en la Academia del Estado Mayor de la Unión Soviética
1979, Jefe del cuerpo de ejército de Holguín
1982, Sustituto del Jefe del Estado Mayor General
1987, Jefe del Ejército Central
1989, Asesor del Ministro de las Fuerzas Armadas

Cargos en 1989:

- Miembro Efectivo del Comité Central
- Asesor del Ministro de las Fuerzas Armadas
- General de Brigada

Subordinación Directa: Raúl Castro

Comentario: Su condición de ser uno de los pocos generales negros del ejército cubano debe mantenerlo por largo tiempo en el Comité Central.

Nivel: 2.2

SIMEON NEGRIN, ROSA ELENA

Lugar de Nacimiento: La Habana
Fecha de Nacimiento: 1943
Raza: Blanca
Nivel Escolar: Universitario
Especialidad: Medicina

Vinculación Política posterior a 1959:

1963, Unión de Jóvenes Comunistas
1970, Partido Comunista de Cuba
1980, Miembro Efectivo del Comité Central
1986, Miembro Suplente del Buró Político

Esfera de Influencia: Administrativa

Trayectoria laboral:

1967, Investigadora en el Centro de Investigaciones Científicas
1974, Directora Pecuaria del Comité Estatal de Ciencia y Técnica
1978, Directora del Centro de Salud Animal
1984, Presidenta de la Academia de Ciencias

Cargos en 1989:

- Miembro Suplente del Buró Político del Partido
- Miembro Efectivo del Comité Central
- Presidenta de la Academia de Ciencias de Cuba

Subordinación Directa: José Ramón Fernández

Comentario: Su vinculación profesional con las investigaciones genéticas, le facilitó una estrecha relación de trabajo con Fidel Castro y ello le permitió ser nominada como Presidenta de la Academia de Ciencias. Su condición de mujer, le dió acceso a ser miembro suplente del Buró Político, con el objetivo de darle representatividad a su sexo en las altas esferas.

Nivel: 2.2

SOCARRAS MIRANDA, ARNALDO

Lugar de Nacimiento: La Habana
Fecha de Nacimiento: 1940 *
Raza: Negra
Nivel Escolar: Medio

Vinculación Política después de 1959:

1986,   Miembro Efectivo del Comité Central

Esfera de Influencia: —

Cargos en 1989:

- Miembro Efectivo del Comité Central
- Secretario General del Partido en la Termoeléctrica "Máximo Gómez"

Comentario: Representación del dirigente político de la clase obrera.

Nivel: F

SOTO PRIETO, LIONEL

Lugar de Nacimiento: La Habana
Fecha de Nacimiento: 1920 *
Raza: Blanca
Nivel Escolar: Universitario
Especialidad: Filosofía y Letras

Vinculación Política antes de 1959:

- Juventud Socialista Popular
- Partido Socialista Popular

Vinculación Política posterior a 1959:

1959,   Organizaciones Revolucionarias Integradas
1962,   Partido Unido de la Revolución Socialista
1965,   Miembro Efectivo del Comité Central
1980,   Miembro del Secretariado del Comité Central

Esfera de Influencia: Política

Trayectória Laboral:

1961, Director de las Escuelas de Instrucción Revolucionaria
1965, Jefe del Departamento de Orientación Revolucionaria del Comité Central
1973, Embajador de Cuba en Gran Bretaña
1978, Jefe del Departamento de Relaciones Exteriores del Comité
1980, Miembro del Secretariado del Comité Central a cargo de la Economía
1987, Embajador de Cuba en la Unión de Repúblicas Socialistas Soviéticas

Cargos en 1989:

- Miembro Efectivo del Comité Central
- Miembro del Secretariado a cargo de la Comisión Económica

Subordinación Directa: Raúl Castro
José Ramón Machado Ventura

Comentario: Atiende, por el Secretariado, los aspectos económicos, lo cual no le concede mucho margen de acción debido a la intransigente línea establecida por Fidel Castro.

Nivel: 2.1

TEJA PEREZ, JULIO

Lugar de Nacimiento: Camagüey
Fecha de Nacimiento: 1940 *
Raza: Blanca
Nivel Escolar: Universitario
Especialidad: Medicina

Vinculación Política después de 1959:

1962, Unión de Jóvenes Comunistas
1966, Partido Comunista de Cuba
1980, Miembro Suplente del Comité Central
1986, Miembro Efectivo del Comité Central

Esfera de Influencia: Administrativa

Trayectoria laboral:

1960, Dirigente de la Federación de Estudiantes Universitarios
1963, Médico en el Ministerio de las Fuerzas Armadas
1968, Director del Hospital Militar, "Carlos J. Finlay"
1969, Oficial de las Fuerzas Armadas a cargo de tareas políticas
1978, Asesor en el Sector de Consumo y Servicios
1980, Viceministro Primero de Salud Pública
1986, Ministro de Salud Pública

Cargos en 1989:

- Miembro Efectivo del Comité Central
- Ministro de Salud Pública

Subordinación Directa: Fidel Castro

Comentario: El Ministro de Salud Pública ocupa, por definición, un escaño en el Comité Central.

Nivel: 2.1

TORRES JAUMA, CASIMIRA

Lugar de Nacimiento:	La Habana
Fecha de Nacimiento:	1940
Raza:	Negra
Nivel Escolar:	Medio

Vinculación Política después de 1959:

1966, Unión de Jóvenes Comunistas
1967, Partido Comunista de Cuba
1980, Miembro Suplente del Comité Central
1986, Miembro Efectivo del Comité Central

Esfera de Influencia: Política

Trayectoria laboral:

1963, Obrera de la Textilera "Rubén Martínez Villena"
1968, Secretaria General del Sindicato en la Textilera "Rubén Martínez Villena"

1971, Funcionaria del Sindicato Nacional de la Industria Ligera
1977, Segunda Secretaria del Sindicato Nacional de la Industria Ligera

Cargos en 1989:

- Miembro Efectivo del Comité Central
- Segunda Secretaria del Sindicato Nacional de la Industria Ligera

Comentario: Representante de la mujer, negra y dirigente obrera

Nivel: 2.3

TRUJILLO AGUERO, JULIO

Lugar de Nacimiento: Camagüey
Fecha de Nacimiento: 1930
Raza: Mestiza
Nivel Escolar: Medio
Especialidad: Economía

Vinculación Política después de 1959:

1970, Partido Comunista de Cuba
1980, Miembro Suplente del Comité Central
1986, Miembro Efectivo del Comité Central

Esfera de Influencia: —

Trayectoria laboral:

1959, Jefe Técnico y de Ejecución de obras industriales
1977, Director de la Empresa Constructora de la Fábrica de Cemento de Cienfuegos
1982, Director de la Empresa Constructora de la Central Electronuclear

Cargos en 1989:

- Miembro Efectivo del Comité Central
- Director de la Empresa Constructora de la Central Electronuclear

Comentario: Representante del dirigente de la construcción.

Nivel: F

VALDES MENENDEZ, RAMIRO

Lugar de Nacimiento: Pinar del Río
Fecha de Nacimiento: 1932
Raza: Blanca

Vinculación Política antes de 1959:

- Movimiento 26 de Julio
- Combatiente del Ejército Rebelde

Vinculación Política después de 1959:

1959, Organizaciones Revolucionarias Integradas
1962, Partido Unido de la Revolución Socialista
1965, Miembro Efectivo del Comité Central
1965, Miembro del Buró Político

Esfera de Influencia: —

Trayectoria laboral:

1959, Jefe del Departamento de Inteligencia del Ejército Rebelde
1961, Ministro del Interior
1969, Viceministro de las Fuerzas Armadas
1971, Jefe del Sector de la Construcción
1978, Ministro del Interior
1986, Director de una empresa de electrónica

Cargos en 1989:

- Miembro Efectivo del Comité Central
- Miembro del Consejo de Estado
- Director de una empresa de electrónica

Comentario: Su separación de su cargo de Ministro del Interior y su posterior exclusión del Buró Político, dicen claramente que Ramiro ya no es una figura de primera línea en la estructura de poder.

Nivel: H

VALDES RODRIGUEZ, JORGE

Lugar de Nacimiento: Las Villas
Fecha de Nacimiento: 1937
Raza: Blanca
Nivel Escolar: Universitario
Especialidad: Ciencias Políticas

Vinculación Política antes de 1959:

- Movimiento 26 de Julio

Vinculación Política después de 1959:

1959,   Organizaciones Revolucionarias Integradas
1962,   Partido Unido de la Revolución Socialista
1965,   Partido Comunista de Cuba
1980,   Miembro Efectivo del Comité Central

Esfera de Influencia: Política

Trayectoria laboral:

1961,   Oficial a cargo de tareas políticas en el Ejército del Centro
1972,   Oficial en el Estado Mayor Central del Ministerio de las Fuerzas Armadas
1973,   Jefe del Departamento de Organización del Partido de La Habana
1980,   Segundo Secretario del Partido en Ciudad de La Habana
1989,   Primer Secretario del Partido en Sancti Spíritus

Cargos en 1989:

- Miembro Efectivo del Comité Central
- Segundo Secretario del Partido en Ciudad de La Habana

Subordinación Directa: Raúl Castro Ruz
                        José Ramón Machado Ventura

Comentario: Su área de influencia está limitada a la provincia que dirige.

Nivel: 3.2

VALDES VALDES, RAFAEL

Lugar de Nacimiento: La Habana
Fecha de Nacimiento: 1928
Raza: Blanca
Nivel Escolar: Universitario
Especialidad: Ciencias Sociales

Vinculación Política antes de 1959:

- Movimiento 26 de Julio

Vinculación Política después de 1959:

1964,   Partido Unido de la Revolución Socialista
1966,   Partido Comunista de Cuba
1980,   Miembro Efectivo del Comité Central

Esfera de Influencia: Política

Trayectoria laboral:

1962,   Director de Empresas en el Instituto del Turismo
1965,   Inspector del Ministerio de Industrias
1966,   Secretario Organizador del Sindicato de la Alimentación
1967,   Secretario del Partido en regiones de Camagüey
1976,   Primer Secretario del Partido en Ciego de Avila

Cargos en 1989:

- Miembro Efectivo del Comité Central

Subordinación Directa: Raúl Castro Ruz
                             José Ramón Machado Ventura

Comentario: Separado de su cargo en 1987.

Nivel: D

VALDES VIVO, RAUL

Lugar de Nacimiento: La Habana
Fecha de Nacimiento: 1927 *
Raza: Blanca
Nivel Escolar: Universitario
Especialidad: Periodismo

Vinculación Política antes de 1959:

-   Partido Socialista Popular

Vinculación Política después de 1959:

1959, Organizaciones Revolucionarias Integradas
1962, Partido Unido de la Revolución Socialista
1965, Partido Comunista de Cuba
1975, Miembro Efectivo del Comité Central
1975, Miembro del Secretariado del Comité Central

Esfera de Influencia: Política

Trayectoria laboral:

1959, Asistente del Editor del periódico "Hoy"
1969, Embajador en Cambodia y Vietnam
1976, Jefe del Departamento de Relaciones Exteriores del Comité Central
1981, Corresponsal de Prensa Latina y Cuba Internacional en Praga
1985, Rector de la Escuela Superior del Partido Ñico López

Cargos en 1989:

-   Miembro Efectivo del Comité Central
-   Rector de la Escuela Superior del Partido Ñico López

Comentario: La trayectoria de Valdés Vivó es claramente descendente y no es de esperar que se mantenga en la máxima instancia política.

Nivel: H

VALDIVIA DOMINGUEZ, ADOLFO

Lugar de Nacimiento: Las Villas
Fecha de Nacimiento: 1930
Raza: Blanca
Nivel Escolar: Universitario
Especialidad: Medicina

Vinculación Política antes de 1959:

- Juventud Socialista Popular

Vinculación Política después de 1959:

1959, Organizaciones Revolucionarias Integradas
1966, Partido Comunista de Cuba
1980, Miembro Pleno del Comité Central

Esfera de Influencia: Política

Trayectoria laboral:

1959, Oficial de las Fuerzas Armadas
1960, Funcionario provincial del MInisterio de Salud Pública
1970, Director de Higiene y Epidemiología del Ministerio de Salud Pública
1977, Secretario General del Sindicato Nacional de Trabajadores de la Salud

Cargos en 1989:

- Miembro Efectivo del Comité Central
- Secretario General del Sindicato Nacional de Trabajadores de la Salud

Subordinación Directa: Pedro Ross

Comentario: Representante de la dirigencia sindical

Nivel: 2.3

VALLE FERNANDEZ, ELIDA

Lugar de Nacimiento: Camagüey
Fecha de Nacimiento: 1937
Raza: Blanca
Nivel Escolar: Medio

Vinculación Política antes de 1959:

- Juventud Socialista Popular

Vinculación Política después de 1959:

1962, Unión de Jóvenes Comunistas
1967, Partido Comunista de Cuba
1980, Miembro Efectivo del Comité Central

Esfera de Influencia: Administrativa

Trayectoria laboral:

1965, Funcionaria de la Unión de Jóvenes Comunistas en Ciego de Avila
1966, Funcionaria de la Federación de Mujeres Cubanas en Ciego de Avila
1969, Funcionaria de la Federación de Mujeres Cubanas en Camagüey
1972, Funcionaria de la Federación de Mujeres Cubanas a nivel nacional
1982, Miembro del Equipo de Coordinación y Apoyo del Comandante en Jefe

Cargos en 1989:

- Miembro Efectivo del Comité Central
- Miembro del Equipo de Coordinación y Apoyo del Comandante en Jefe

Subordinación Directa: Fidel Castro
José Naranjo

Comentario: Todos los miembros del "Equipo de Coordinación y apoyo", por su estrecha relación con el máximo nivel, son candidatos a promociones, especialmente en el área administrativa

Nivel: 2.1

VAZQUEZ GARCIA, LAZARO

Lugar de Nacimiento: Matanzas
Fecha de Nacimiento: 1939
Raza: Blanca
Nivel Escolar: Universitario
Especialidad: Historia

Vinculación Política antes de 1959:

- Movimiento 26 de Julio
- Combatiente del Ejercito Rebelde

Vinculación Política posterior a 1959:

1965, Partido Comunista de Cuba
1980, Miembro Suplente del Comité Central
1986, Miembro Efectivo del Comité Central
1986, Miembro Suplente del Buró Político

Esfera de Influencia: Política

Trayectória Laboral:

1959, Oficial de las Fuerzas Armadas
1967, Jefe del Estado Mayor de la Columna Juvenil del Centenario
1968, Funcionario del Partido en Camagüey
1972, Director de Agricultura en Camagüey
1976, Segundo Secretario del Partido en Camagüey
1976, Primer Secretario del Partido en Camagüey

Cargos en 1989:

- Miembro Efectivo del Comité Central
- Miembro Suplente del Buró Político
- Primer Secretario del Partido en Camagüey

Subordinación Directa: Raúl Castro Ruz
José Ramón Machado Ventura

Comentario: Su trayectoria ha sido sólida y su inclusión como miembro suplente del Buró Político lo sitúa en una buena posición para futuras promociones.

Nivel: 3.1

VECINO ALEGRET, FERNANDO

Lugar de Nacimiento:	Oriente
Fecha de Nacimiento:	1930 *
Raza:	Blanca
Nivel Escolar:	Universitario
Especialidad:	Ciencias Políticas

Vinculación Política antes de 1959:

- Movimiento 26 de Julio
- Combatiente del Ejército Rebelde

Vinculación Política después de 1959:

1962, Partido Unido de la Revolución Socialista
1965, Partido Comunista de Cuba
1975, Miembro Efectivo del Comité Central

Esfera de Influencia: Administrativa

Trayectoria laboral:

--- Oficial de las Fuerzas Armadas
--- Jefe de la Dirección Política de las Fuerzas Armadas
--- Viceministro de las Fuerzas Armadas
--- Director del Instituto Técnico Militar
1976, Ministro de Educación Superior

Cargos en 1989:

- Miembro Efectivo del Comité Central
- Ministro de Educación Superior

Subordinación Directa: José Ramón Fernández

Comentario: Las fluctuantes directivas de Fidel Castro y el férreo control de José Ramón Fernández le dejan muy poco margen de acción a Vecino Alegret.

Nivel: 2.2

VEIGA MENENDEZ, ROBERTO

Lugar de Nacimiento:	Oriente
Fecha de Nacimiento:	1937 *
Raza:	Blanca
Nivel Escolar:	Universitario
Especialidad:	Ciencias Políticas

Vinculación Política después de 1959:

1975,   Miembro Efectivo del Comité Central
1980,   Miembro Suplente del Buró Político
1985,   Miembro pleno del Buró Político

Esfera de Influencia: —

Trayectoria laboral:

1970,   Secretario de Industrias de la Central de Trabajadores de Cuba en Oriente
1974,   Secretario General de la Central de Trabajadores de Cuba en Oriente
1976,   Secretario General de la Central de Trabajadores de Cuba

Cargos en 1989:

- Miembro del Buró Político
- Miembro Efectivo del Comité Central
- Mieembro del Consejo de Estado

Comentario: La designación de Pedro Ross como presidente de la comisión organizadora del próximo congreso de la Central de trabajadores de Cuba, equivale al fin de la carrera de Veiga como dirigente obrero y por tanto de su permanencia en el Buró Político y en el Comité Central

Nivel: D

VELIZ RIOS, MARGARITA

Fecha de Nacimiento:	1942
Raza:	Negra

Vinculación Política después de 1959:

1986,   Miembro Efectivo del Comité Central

194   Cuba: La Elite del Poder

Esfera de Influencia: Militar

Cargos en 1989:

- Miembro Efectivo del Comité Central
- Mayor del Ministerio de las Fuerzas Armadas

Comentario: Es la representación de la mujer negra de la seguridad del Estado

Nivel: F

MIEMBROS SUPLENTES DEL COMITE CENTRAL

ALARCON DE QUESADA, RICARDO

Lugar de Nacimiento: La Habana
Fecha de Nacimiento: 1937
Raza: Blanca
Nivel Escolar: Universitario

Vinculación Política antes de 1959:

- Movimiento 26 de Julio

Vinculación Política posterior a 1959:

- 1962, Unión de Jóvenes Comunistas de Cuba
- 1971, Partido Comunista de Cuba
- 1980, Miembro Suplente del Comité Central

Esfera de Influencia: Diplomática

Trayectoria laboral:

- 1959, Dirigente de la Federación de Estudiantes Universitarios en La Habana
- 1962, Jefe del Departamento de America Latina en el Ministerio de Relaciones Exteriores
- 1966, Embajador de Cuba ante la Organización de las Naciones Unidas
- 1976, Embajador, desde Nueva York, ante Trinidad y Tobago y las Bahamas
- 1978, Viceministro de Relaciones Exteriores

Cargos en 1989:

- Miembro Suplente del Comité Central
- Viceministro del Ministerio de Relaciones Exteriores

Subordinación Directa: Fidel Castro Ruz
Carlos Rafael Rodríguez
Isidoro Malmierca Peoli

Comentario: Es uno de las principales figuras de la actividad de relaciones exteriores en Cuba y, debido a ello, mantiene una relación directa con Fidel Castro.

Nivel: 2.2

ALVAREZ BLANCO, JULIAN

Fecha de Nacimiento: 1930 *
Raza: Blanca
Nivel Escolar: Universitario
Especialidad: Medicina

Esfera de Influencia: Política

Trayectoria laboral:

1959,   Funcionario del Ministerío de Salud Pública
1975,   Jefe del Departamento de Salud Pública del Comité Central

Cargos en 1989:

- Miembro Suplente del Comité Central
- Jefe del Departamento de Salud Pública del Comité Central

Nivel: 2.2

ANDOLLO VALDES, RAMON

Fecha de Nacimiento: 1945 *
Raza: Blanca
Nivel Escolar: Universitario
Especialidad: Ingeniería Civil

Vinculación Política posterior a 1959:

1986,   Miembro Suplente del Comité Central

Esfera de Influencia: Militar

Trayectoria laboral:

1978,   Jefe de la Dirección de Ingeniería de las Fuerzas Armadas

Cargos en 1989:

- Miembro Suplente del Comité Central
- Jefe de la Dirección de Ingeniería de las Fuerzas Armadas
- General de Brigada

Nivel: 2.2

BARANDA COLUMBIE, FELIX

Lugar de Nacimiento: Oriente
Fecha de Nacimiento: 1937
Raza: Blanca
Nivel Escolar: Universitario
Especialidad: Ciencias Militares

Vinculación Política antes de 1959:

- Movimiento 26 de Julio
- Combatiente del Ejercito Rebelde

Vinculación Política posterior a 1959:

1963,   Partido Unido de la Revolución Socialista
1965,   Partido Comunista de Cuba
1980,   Miembro Suplente del Comité Central

Esfera de Influencia: Militar

Trayectoria laboral:

1959,   Oficial de la Policía Nacional
1963,   Oficial de la Contrainteligencia militar
1980,   Jefe de la Contrainteligencia Militar a cargo del Estado Mayor de las Fuerzas Armadas

Cargos en 1989:

- Miembro Suplente del Comité Central
- Jefe de la Contrainteligencia Militar a cargo del Estado Mayor General
- General de Brigada

Nivel: 2.2

BOSCH DIAZ, MARTHA

Lugar de Nacimiento: Oriente
Fecha de Nacimiento: 1946 *
Raza: Blanca
Nivel Escolar: Universitario
Especialidad: Ingeniera Civil

Vinculación Política posterior a 1959:

1963,   Unión de Jóvenes Comunistas de Cuba
1970,   Partido Comunista de Cuba
1986,   Miembro Suplente del Comité Central

Esfera de Influencia: —

Cargos en 1989:

- Miembro Suplente del Comité Central
- Ingeniera Civil de la Empresa de Proyectos de Arquitectura de Holguín

Nivel: F

CASTELLANOS LAGE, RAUL

Lugar de Nacimiento: Matanzas
Fecha de Nacimiento: 1948 *
Raza: Blanca
Nivel Escolar: Universitario

Vinculación Política posterior a 1959:

1968,   Unión de Jóvenes Comunistas de Cuba
1977,   Partido Comunista de Cuba

1986,   Miembro Suplente del Comité Central

Esfera de Influencia: Política

Trayectoria laboral:

1975,   Funcionario de la Unión de Jóvenes Comunistas en Matanzas
1982,   Segundo Secretario de la Unión de Jóvenes Comunistas en Matanzas

Cargos en 1989:

-   Miembro Suplente del Comité Central
-   Secretario de la Unión de Jóvenes Comunistas en Matanzas

Nivel: 3.4

CASTELL SERRATE, PASTOR

Fecha de Nacimiento: 1938 *
Raza: Negra
Nivel Escolar: Universitario
Especialidad: Medicina

Vinculación Política posterior a 1959:

1986,   Miembro Suplente del Comité Central

Esfera de Influencia:

Trayectoria laboral:

1980,   Director del Ministerio de Salud Pública en La Habana

Cargos en 1989:

-   Miembro Suplente del Comité Central
-   Director del Ministerio de Salud Pública en La Habana

Nivel: 3.3

CASTILLO CUESTA, BARBARA

Lugar de Nacimiento: La Habana
Fecha de Nacimiento: 1948 *
Raza: Mestiza
Nivel Escolar: Universitario
Especialidad: Economía

Vinculación Política posterior a 1959:

1963,   Unión de Jóvenes Comunistas
1971,   Partido Comunista de Cuba
1986,   Miembro Suplente del Comité Central

Esfera de Influencia: Política

Trayectoria laboral:

1979,   Segundo Jefe del Departamento de Administración y Servicios del Comité Central
1983,   Jefa del Departamento de Administración y Servicios del Comité Central

Cargos en 1989:

-   Miembro Suplente del Comité Central
-   Jefa del Departamento de Administración y Servicios del Comité Central

Nivel: 2.3

COBAS RUIZ, MARCIA

Lugar de Nacimiento: La Habana
Fecha de Nacimiento: 1950 *
Raza: Blanca
Nivel Escolar: Universitario
Especialidad: Ingeniería Mecánica

Vinculación Política posterior a 1959:

1966,   Unión de Jóvenes Comunistas de Cuba
1975,   Partido Comunista de Cuba
1986,   Miembro Suplente del Comité Central

Esfera de Influencia: Política

Trayectoria laboral:

1972, Funcionaria del Comité Nacional de la Unión de Jóvenes Comunistas
1982, Secretaria de las Brigadas Ténicas Juveniles en La Habana
1985, Presidenta del Consejo Nacional de las Brigadas Técnicas Juveniles
1988, Funcionaria de la Unión de Jóvenes Comunistas

Cargos en 1989:

- Miembro Suplente del Comité Central
- Funcionaria de la Unión de Jóvenes Comunistas

Nivel: F

CORTINA LICEA, MAGDA

Lugar de Nacimiento:	Camagüey
Fecha de Nacimiento:	1943 *
Raza:	Negra
Nivel Escolar:	Universitario
Especialidad:	Medicina

Vinculación Política posterior a 1959:

1986, Miembro Suplente del Comité Central

Esfera de Influencia: —

Cargos en 1989:

- Miembro Suplente del Comité Central
- Médico del Hospital "Amalia Simoni" en Camagüey

Nivel: F

COSME DIAZ, DORA

Lugar de Nacimiento: Pinar del Río
Fecha de Nacimiento: 1940
Raza: Mestiza
Nivel Escolar: Universitario
Especialidad: Ingeniería Textil

Vinculación Política posterior a 1959:

1962, Unión de Jóvenes Comunista de Cuba
1970, Partido Comunista de Cuba
1980, Miembro Suplente del Comité Central

Esfera de Influencia: Administrativa

Trayectoria laboral:

1961, Estudiante de Ingeniería Textil en la Checoslovaquia
1968, Ingeniera en la Textilera Ariguanabo
1980, Directora de la Textilera Ariguanabo
1986, Viceministra Primera de la Industria Ligera

Cargos en 1989:

- Miembro Suplente del Comité Central
- Viceministra Primera de la Industria Ligera

Nivel: 2.3

CUEVAS IBAÑEZ, EUGENIO

Lugar de Nacimiento: Oriente
Fecha de Nacimiento: 1946 *
Raza: Blanca

Vinculación Política posterior a 1959:

1986, Miembro Suplente del Comité Central

Esfera de Influencia: Política

Trayectoria laboral:

1982, Primer Secretario de la Unión de Jóvenes Comunistas en Santiago de Cuba

Cargos en 1989:

- Miembro Suplente del Comité Central
- Primer Secretario de la Unión de Jóvenes Comunistas en Santiago de Cuba

Nivel: 3.4

DIAZ SUAREZ, ADOLFO

Lugar de Nacimiento: La Habana
Fecha de Nacimiento: 1936 *
Raza: Blanca
Nivel Escolar: Universitario

Vinculación Política antes de 1959:

- Movimiento 26 de Julio

Vinculación Política posterior a 1959:

1986, Miembro Suplente del Comité Central

Esfera de Influencia: Administrativa

Trayectoria laboral:

1960, Contador de la Empresa de Productos Lácteos
1961, Director de la Empresa de Productos Lácteos
1965, Viceministro de la Alimentación
1980, Viceministro Primero de la Agricultura
1983, Ministro de Agricultura
1989, Vicepresidente del Comité Ejecutivo del Consejo de Ministros a cargo de los sectores de Azúcar y Agricultura

Cargos en 1989:

- Miembro Suplente del Comité Central
- Vicepresidente del Comité Ejecutivo del Consejo de Ministros a cargo de los sectores de Azúcar y Agricultura

Subordinación Directa: Julián Rizo
Osmany Cienfuegos

Comentario: Es un hombre capaz y trabajador, que carece del nivel político adecuado para mantener una posición de tan alto nivel en el Gobierno

Nivel: 1.3

DINZA DESPAIGNE, OMAR

Lugar de Nacimiento: Las Villas
Fecha de Nacimiento: 1946 *
Raza: Mestiza

Vinculación Política posterior a 1959:

1986, Miembro Suplente del Comité Central

Esfera de Influencia: Política

Cargos en 1959:

- Miembro Suplente del Comité Central
- Primer Secretario del Partido en Placetas

Nivel: 3.4

EXPOSITO RODRIGUEZ, ANA

Lugar de Nacimiento: Camagüey
Fecha de Nacimiento: 1947 *
Raza: Mestiza

Vinculación Política posterior a 1959:

1986,   Miembro Suplente del Comité Central

Esfera de Influencia: Política

Cargos en 1989:

- Miembro Suplente del Comité Central
- Secretaria General de la Federación de Mujeres Cubanas en Camagüey

Nivel: 3.4

FAJARDO PI, AUGUSTO

Lugar de Nacimiento: Oriente
Fecha de Nacimiento: 1940 *
Raza: Blanca
Nivel Escolar: Universitario
Especialidad: Periodísmo

Vinculación Política posterior a 1959:

1965,   Unión de Jóvenes Comunistas de Cuba
1968,   Partido Comunista de Cuba
1986,   Miembro Suplente del Comité Central

Esfera de Influencia: Administrativa

Trayectoria laboral:

1976,   Primer Secretario del Partido en el Municipio de Holguin
1979,   Jefe del Departamento de Organización del Partido en Holguín
1980,   Presidente del Poder Popular en Holguín

Cargos en 1989:

- Miembro Suplente del Comité Central
- Presidente del Poder Popular en Holguín

Nivel: 3.3

FERNANDEZ CIVICO, ELADIO

Fecha de Nacimiento: 1942 *
Raza: Mestiza
Nivel Escolar: Universitario
Especialidad: Ciencias Militares

Vinculación Política posterior a 1959:

1986, Miembro Suplente del Comité Central

Cargos en 1989:

- Miembro Suplente del Comité Central
- Coronel de las Fuerzas Armadas

Nivel: 2.3

FERNANDEZ CRESPO, MANUEL

Fecha de Nacimiento: 1937 *
Raza: Blanca
Nivel Escolar: Universitario

Vinculación Política antes de 1959:

- Movimiento 26 de Julio

Vinculación Política posterior a 1959:

1959, Organizaciones Revolucionarias Integradas
1962, Partido Unido de la Revolución Socialista
1965, Partido Comunista de Cuba
1986, Miembro Suplente del Comité Central

Esfera de Influencia: Seguridad del Estado

Cargos en 1989:

- Miembro Suplente del Comité Central

- Viceministro del Interior y Jefe de la Dirección General de Seguridad del Estado
- General de Brigada

Subordinación Directa: Abelardo Colomé Ibarra

Comentario: El hombre que ocupe la posición de Jefe de la Dirección de Seguridad del Estado, clave en el sistema represivo cubano, tiene asegurado un puesto en el grupo central de poder.

Nivel: 1.2

FREYRE RIVERO, ORLANDO

Lugar de Nacimiento: Las Villas
Fecha de Nacimiento: 1940 *
Raza: Negra
Nivel Escolar: Técnico Medio

Vinculación Política posterior a 1959:

1986, Miembro Suplente del Comité Central

Esfera de Influencia: —

Cargos en 1989:

- Miembro Suplente del Comité Central
- Operador de la Fábrica de Fertilizantes Nitrogenados en Cienfuegos

Nivel: F

FROMETA MATOS, NIDIAN

Lugar de Nacimiento: Matanzas
Fecha de Nacimiento: 1940 *
Raza: Blanca
Nivel Escolar: Medio

Vinculación Política posterior a 1959:

1986, Miembro Suplente del Comité Central

Esfera de Influencia: —

Cargos en 1989:

- Miembro Suplente del Comité Central
- Presidente de una Cooperativa de Pequeños Agricultores

Nivel: F

GARCIA ALVAREZ, MARIA

Lugar de Nacimiento: Oriente
Fecha de Nacimiento: 1948 *
Raza: Blanca
Nivel Escolar: Universitario

Vinculación Política posterior a 1959:

1986, Miembro Suplente del Comité Central

Esfera de Influencia: Política

Cargos en 1989:

- Miembro Suplente del Comité Central
- Secretaria General del Partido en la Universidad de Santiago de Cuba

Nivel: F

GARCIA CABRERA, OSCAR

Lugar de Nacimiento: La Habana
Fecha de Nacimiento: 1952 *
Raza: Blanca
Nivel Escolar: Universitario

Vinculación Política posterior a 1959:

1986, Miembro Suplente del Comité Central

Esfera de Influencia: Política

Cargos en 1989:

- Miembro Suplente del Comité Central
- Primer Secretario de la Unión de Jóvenes Comunistas en la Ciudad de La Habana

Nivel: 3.4

GARCIA FERRER, FRANCISCO

Lugar de Nacimiento:	Oriente
Fecha de Nacimiento:	1944 *
Raza:	Blanca
Nivel Escolar:	Universitaria

Vinculación Política posterior a 1959:

1986, Miembro Suplente del Comité Central

Esfera de Influencia: Política

Trayectoria laboral:

1980, Funcionario del Partido en Santiago de Cuba
1985, Segundo Secretario del Partido en Las Tunas
1989, Primer Secretario del Partido en Las Tunas

Cargos en 1989:

- Miembro Suplente del Comité Central
- Primer Secretario del Partido en Las Tunas

Comentario: Su área de influencia está limitada a la provincia que dirige.

Nivel: 3.3

GARCIA GARCIA, ELDA

Fecha de Nacimiento: 1950 *
Raza: Blanca
Nivel Escolar: Universitario

Vinculación Política posterior a 1959:

1986, Miembro Suplente del Comité Central

Esfera de Influencia: Política

Trayectoria laboral:

1966, Funcionaria de Relaciones Exteriores de la Unión de Jóvenes Comunistas
1970, Funcionaria de la Organización de Solidaridad con los Pueblos de Asía, Africa y América Latina
1973, Segunda Secretaria de la Embajada de Cuba en la República de Argentina
1985, Primera Secretaria de la Unión de Jóvenes Comunistas en Villa Clara

Cargos en 1989:

- Miembro Suplente del Comité Central
- Primera Secretaria de la Unión de Jóvenes Comunistas en Villa Clara

Nivel: 3.4

GARCIA GIL, JOSE RAMON

Lugar de Nacimiento: Las Villas
Fecha de Nacimiento: 1936 *
Raza: Blanca

Vinculación Política posterior a 1959:

1986, Miembro Suplente del Comité Central

Esfera de Influencia: Administrativa

Trayectoria laboral:

1978,   Primer Secretario del Partido en el Municipio de Cienfuegos
1985,   Presidente del Poder Popular en la provincia de Cienfuegos

Cargos en 1989:

- Miembro Suplente del Comité Central
- Presidente del Poder Popular en Cienfuegos

Subordinación Directa: Humberto Miguel Fernández
                                    Severo Aguirre del Cristo
                                    Faustino Pérez Hernández

Nivel: 3.3

GARCIA LLORCA, MIRTHA

Fecha de Nacimiento: 1938 *
Raza: Blanca
Nivel Escolar: Universitario

Vinculación Política posterior a 1959:

- Miembro Suplente del Comité Central

Cargos en 1989:

- Miembro Suplente del Comité Central del Partido
- Coronel del Ministerio de las Fuerzas Armadas

Nivel: F

GARCIA VERA, YADIRA

Lugar de Nacimiento: La Habana
Fecha de Nacimiento: 1948 *
Raza: Blanca
Nivel Escolar: Universitario
Especialidad: Ciencias Sociales

Vinculación Política posterior a 1959:

1964,   Unión de Jóvenes Comunistas de Cuba
1972,   Partido Comunista de Cuba
1986,   Miembro Suplente del Comité Central

Esfera de Influencia: Política

Cargos en 1989:

-   Miembro Suplente del Comité Central
-   Vicepresidenta de la Unión de Pioneros de Cuba

Nivel: F

GELL NOA, JOSE

Fecha de Nacimiento: 1942 *
Raza: Blanca

Vinculación Política posterior a 1959:

1986,   Miembro Suplente del Comité Central

Esfera de Influencia: Política

Cargos en 1989:

-   Miembro Suplente del Comité Central
-   Coordinador de los Comités de Defensa de la Revolución, en la Ciudad de La Habana

Nivel: 3.4

GOMEZ CABRERA, RAUL

Fecha de Nacimiento: 1930 *
Raza: Blanca
Nivel Escolar: Universitario
Especialidad: Medicina

Vinculación Política posterior a 1959:

1986,   Miembro Suplente del Comité Central

Esfera de Influencia: —

Cargos en 1989:

- Miembro Suplente del Comité Central
- Director del Hospital Hermanos Amejeiras

Nivel: F

GOMEZ CORTES, OLGA ROSA

Lugar de Nacimiento:	Camagüey
Fecha de Nacimiento:	1944 *
Raza:	Blanca
Esfera de Influencia:	Política

Vinculación política posterior a 1959:

1986,   Miembro Suplente del Comité Central

Cargos en 1989:

- Miembro Suplente del Comité Central
- Funcionaria del Partido en Ciego de Avila

Nivel: F

GOMEZ GONZALEZ, EVIDIO

Lugar de Nacimiento:	Oriente
Fecha de Nacimiento:	1938 *
Raza:	Blanca
Esfera de Influencia:	Política

Cargos en 1989:

- Miembro Suplente del Comité Central
- Primer Secretario del Partido en el Municipio de Santiago de Cuba

Nivel: 3.4

GONZALEZ ABREU, VELIA

Lugar de Nacimiento:	Matanzas
Fecha de Nacimiento:	1950 *
Raza:	Negra
Nivel Escolar:	Universitario
Especialidad:	Ingeniería Hidráulica

Vinculación Política posterior a 1959:

1986,   Miembro Suplente del Comité Central

Esfera de Influencia: —

Cargos en 1989:

- Miembro Suplente del Comité Central
- Ingeniera Hidráulica en una Empresa Constructora de Jagüey Grande

Nivel: F

GONZALEZ ACOSTA, LUIS

Lugar de Nacimiento:	Las Villas
Fecha de Nacimiento:	1940 *
Raza:	Blanca

Esfera de Influencia: Política

Cargos en 1989:

- Miembro Suplente del Comité Central
- Segundo Secretario del Partido en Sancti Spíritus

Nivel: 3.3

GONZALEZ PEREZ, IRAN

Lugar de Nacimiento: La Habana
Fecha de Nacimiento: 1946 *
Raza: Blanca
Nivel Escolar: Universitario

Vinculación Política posterior a 1959:

1986, Miembro Suplente del Comité Central

Esfera de Influencia: Política

Cargos en 1989:

- Miembro Suplente del Comité Central
- Funcionario del Partido en La Habana

Nivel: F

GONZALEZ RIVAS, ADDEGUNDE

Lugar de Nacimiento: Oriente
Fecha de Nacimiento: 1942
Raza: Negra
Nivel Escolar: Universitario
Especialidad: Medicina Veterinaria

Vinculación Política posterior a 1959:

1986, Miembro Suplente del Comité Central

Esfera de Influencia: —

Cargos en 1989:

- Miembro Suplente del Comité Central
- Profesor del Instituto Superior de Ciencia Animal de Bayamo
- Secretario del Partido del Instituto Superior de Ciencia Animal de Bayamo

Nivel: F

GUTIERREZ CEPERO, CARMEN

Fecha de Nacimiento: 1952 *
Raza: Blanca
Nivel Escolar: Universitario
Especialidad: Ingeniería Química

Vinculación Política posterior a 1959:

1986,   Miembro Suplente del Comité Central

Esfera de Influencia: —

Cargos en 1989:

- Miembro Suplente del Comité Central
- Jefa técnica de la Inversión de la Refinería de Petróleo de Cienfuegos

Nivel: F

JEREZ SANTIESTEBAN, ARNALDO

Lugar de Nacimiento: Oriente
Fecha de Nacimiento: 1930 *
Raza: Negra
Nivel Escolar: Universitario
Especialidad: Medicina

Vinculación Política posterior a 1959:

1986,   Miembro Suplente del Comité Central

Esfera de Influencia: —

Cargos en 1989:

- Miembro Suplente del Comité Central
- Secretario del Partido en el Hospital de Las Tunas

Nivel: F

LARDUET DESPAIGNE, REINALDO

Lugar de Nacimiento: Oriente
Fecha de Nacimiento: 1946 *
Raza: Negra
Nivel Escolar: Medio
Especialidad: Tornero

Vinculación Política posterior a 1959:

1986,   Miembro Suplente del Comité Central

Esfera de Influencia: —

Cargos en 1989:

- Miembro Suplente del Comité Central
- Secretario del Partido en la Empresa Siderúrgica de Santiago de Cuba

Nivel: F

LEMUS RIVERO, VICTORINO

Fecha de Nacimiento: 1940 *
Raza: Blanca
Nivel Escolar: Universitario
Especialidad: Ciencias Sociales

Vinculación Política posterior a 1959:

1986,   Miembro Suplente del Comité Central

Esfera de Influencia: Política

Cargos en 1989:

- Miembro Suplente del Comité Central
- Primer Secretario del Partido Comunista en La Habana

Comentario: Era el segundo secretario de la provincia de La Habana cuando fue seleccionado como miembro suplente del Comité Central. Al ser trasladado el primer secretario, Luis Alvarez de la Nuez, para Matanzas, Lemus fue ascendido y debe integrar el próximo Comité Central como miembro pleno.

Nivel: 3.2

LEON MIGUEZ, MARIO

Lugar de Nacimiento: Oriente
Fecha de Nacimiento: 1947 *
Raza: Blanca
Nivel Escolar: Universitario

Vinculación Política después de 1959:

1986, Miembro Suplente del Comité Central

Esfera de Influencia: Política

Esfera de Influencia:

— Funcionario del Ministerio de Educación Superior
1981, Funcionario de la Unión de Jóvenes Comunistas
1984, Primer Secretario de la Unión de Jóvenes Comunistas en Granma
1988, Funcionario del Partido en Granma

Cargos en 1989:

- Miembro Suplente del Comité Central
- Funcionario del Partido en Granma

Nivel: 3.4

LEZCANO PEREZ, CARLOS

Lugar de Nacimiento: Camagüey
Fecha de Nacimiento: 1936 *
Raza: Blanca
Nivel Escolar: Universitario
Especialidad: Ciencias Militares

Vinculación Política antes de 1959:

- Juventud Socialista Popular
- Combatiente del Ejército Rebelde

Vinculación Política después de 1959:

1980, Miembro Suplente del Comité Central

Esfera de Influencia: Militar

Esfera de Influencia:

1959, Oficial de las Fuerzas Armadas
1981, Jefe del Estado Mayor del Ejército Central
1983, Jefe de Organización y Movilización de las Fuerzas Armadas
1985, Jefe del Estado Mayor del Ejército Central
1986, Misión en Angola
1988, Jefe de los Asesores Militares en Nicaragua

Cargos en 1989:

- Miembro Suplente del Comité Central
- Jefe de los Asesores Militares en Nicaragua
- General de Brigada

Nivel: 2.2

LIMONTA VIDAL, MANUEL

Fecha de Nacimiento: 1942 *
Raza: Mestiza
Nivel Escolar: Universitario
Especialidad: Ingeniería

Vinvulación Política después de 1959:

1986, Miembro Suplente del Comité Central

Esfera de Influencia: —

Cargos en 1989:

- Miembro Suplente del Comité Central
- Director del Centro de Investigaciones Geológicas

Nivel: F

LINARES VILTRES, SILVANO

Lugar de Nacimiento: Oriente
Fecha de Nacimiento: 1940 *
Raza: Mestiza

Vinculación Política después de 1959:

1986,   Miembro Suplente del Comité Central

Esfera de Influencia: Política

Cargos en 1989:

- Miembro Suplente del Comité Central
- Segundo Secretario del Partido en Guantánamo

Nivel: 3.3

LOPEZ DIAZ, JULIAN

Lugar de Nacimiento: Matanzas
Fecha de Nacimiento: 1940
Raza: Blanca
Nivel Escolar: Universitario
Especialidad: Ciencias Jurídicas

Vinculación Política antes de 1959:

- Juventud Socialista Popular
- Movimiento 26 de Julio

Vinculación Política después de 1959:

1962,   Unión de Jóvenes Comunistas
1968,   Partido Comunista de Cuba
1980,   Miembro Suplente del Comité Central

Esfera de Influencia: Diplomática

Esfera de Influencia:

1961,   Funcionario de la Unión de Jóvenes Comunistas y oficial del Ministerio del Interior
1966,   Oficial de la Inteligencia a cargo de República Dominicana
1971,   Oficial en la Embajadas de Cuba en Chile y México
1976,   Jefe de Sección del Departamento América del Comité Central
1979,   Embajador de Cuba en Nicaragua
1987,   Funcionario del Departamento América del Comité Central

Cargos en 1989:

-   Miembro Suplente del Comité Central
-   Funcionario del Departamento América del Comité Central

Nivel: 2.3

LOPEZ MIERA, ALVARO

Fecha de Nacimiento: 1942 *
Raza: Blanca
Nivel Escolar: Universitario
Especialidad: Ciencias Militares

Vinculación Política posterior a 1959:

1986,   Miembro Suplente del Comité Central

Esfera de Influencia: Militar

Cargos en 1989:

-   Miembro Suplente del Comité Central
-   General de Brigada

Nivel: 2.3

LLANO MONTANE, MERCEDES

Lugar de Nacimiento: Pinar del Río
Fecha de Nacimiento: 1945 *
Raza: Mestiza
Nivel Escolar: Universitario
Especialidad: Medicina

Vinculación Política después de 1959:

1986,   Miembro Suplente del Comité Central

Esfera de Influencia: —

Cargos en 1989:

- Miembro Suplente del Comité Central
- Profesora de la Facultad de Ciencias Médicas en Pinar del Río

Nivel: F

MATOS BELLO, JORGE

Lugar de Nacimiento: Oriente
Fecha de Nacimiento: 1945 *
Raza: Mestiza
Nivel Escolar: Medio
Especialidad: Operador de Máquinas de Herramientas

Vinculación Política después de 1959:

1986,   Miembro Suplente del Comité Central

Esfera de Influencia: —

Cargos en 1989:

- Miembro Suplente del Comité Central
- Secretario del Partido del Combinado de Equipos Agrícolas en Holguín

Nivel: F

MAZAR ANTUNEZ, CORALIA

Lugar de Nacimiento: Oriente
Fecha de Nacimiento: 1946 *
Raza: Mestiza

Esfera de Influencia: Política

Trayectoria Laboral:

1978,   Secretaria del Poder Popular en Santiago de Cuba
1989,   Secretaria General de la Federación de Mujeres Cubanas en Santiago de Cuba

Cargos en 1989:

- Miembro Suplente del Comité Central
- Secretaria General de la Federación de Mujeres Cubanas en Santiago de Cuba

Nivel: 3.3

MILIAN RIVERO, GUSTAVO

Lugar de Nacimiento: Las Villas
Fecha de Nacimiento: 1938 *
Raza: Blanca
Nivel Escolar: Universitario
Especialidad: Ciencias Políticas

Vinculación Política antes de 1959:

- Juventud Socialista Popular

Vinculación Política después de 1959:

1986,   Miembro Suplente del Comité Central

Esfera de Influencia: Militar

Trayectoria laboral:

1959, Oficial de las fuerzas armadas a cargo de tareas políticas
1983, Jefe político de la fuerza aérea
1984, Primer Sustituto del Jefe de la Dirección Política de las fuerzas armadas
1985, Jefe de la Dirección Política Central de las Fuerzas Armadas
1986, Jefe de la Sección Política-Militar en Angola

Cargos en 1989:

- Miembro Suplente del Comité Central
- Jefe de la Sección Política de la Misión Militar en Angola
- General de Brigada

Nivel: 2.3

MORACEN LIMONTA, RAFAEL

Lugar de Nacimiento:	Matanzas
Fecha de Nacimiento:	1939
Raza:	Negra
Nivel Escolar:	Universitario
Especialidad:	Ciencias Militares

Vinculación Política antes de 1959:

- Movimiento 26 de Julio
- Combatiente del Ejército Rebelde

Vinculación Política después de 1959:

1986, Miembro Suplente del Comité Central

Esfera de Influencia: Militar

Trayectoria laboral:

1964, Oficial a cargo de misiones en el continente africano
1975, Misiones en Angola
1984, Jefe de las Milicias de Tropas Territoriales en Matanzas

Cargos en 1989:

- Jefe de las Milicias de Tropas Territoriales en Matanzas
- General de Brigada

Nivel: 2.3

MORALES LOPEZ, ERMELINDA

Lugar de Nacimiento: Oriente
Fecha de Nacimiento: 1950 *
Raza: Blanca
Nivel Escolar: Universitario
Especialidad: Ingeniería Agronómica

Esfera de Influencia: —

Cargos en 1989:

- Miembro Suplente del Comité Central
- Ingeniera Agrónoma del Ministerio de la Agricultura en Holguín

Nivel: F

NAVARRETE NAVARRO, MARGARITA

Lugar de Nacimiento: Matanzas
Fecha de Nacimiento: 1952 *
Raza: Negra
Nivel Escolar: Universitario
Especialidad: Medicina Veterinaria

Esfera de Influencia: —

Cargos en 1989:

- Miembro Suplente del Comité Central
- Médica Veterinaria en la unidad porcina de Colón

Nivel: F

OVIEDO HORMAZA, TOMAS

Lugar de Nacimiento: Matanzas
Fecha de Nacimiento: 1938 *
Raza: Negra

Esfera de Influencia: —

Cargos en 1989:

- Miembro Suplente del Comité Central
- Director de la Empresa Rayonitro de Matanzas

Nivel: F

PARRA SANTOYA, FIDEL

Lugar de Nacimiento: Camagüey
Fecha de Nacimiento: 1934 *
Raza: Negra
Nivel Escolar: Medio

Esfera de Influencia: —

Cargos en 1989:

- Miembro Suplente del Comité Central
- Obrero en la empresa constructora de obras industriales de Camagüey

Nivel: F

PEDROSO KIRKWOOD, NATIVIDAD

Lugar de Nacimiento: Camagüey
Fecha de Nacimiento: 1949 *
Raza: Mestiza
Nivel Escolar: Universitario
Especialidad: Estomatología

Esfera de Influencia: ---

Cargos en 1989:

- Miembro Suplente del Comité Central
- Estomatóloga en el policlínico del Central Brasil

Nivel: F

PEREZ BETANCOURT, PEDRO

Lugar de Nacimiento: Oriente
Fecha de Nacimiento: 1939 *
Raza: Blanca
Nivel Escolar: Universitario
Especialidad: Ciencias Militares

Vinculación Política antes de 1959:

- Movimiento 26 de Julio
- Combatiente del Ejército Rebelde

Vinculación Política después de 1959:

1986,   Miembro Suplente del Comité Central

Esfera de Influencia: Militar

Trayectoria laboral:

- Jefe del Distrito Naval de Cienfuegos
- Estudios de técnica submarina en la Academia Naval de Leningrado
1983,   Jefe del Distrito Naval de Occidente
1986,   Viceministro de las Fuerzas Armadas y Jefe de la Marina de Guerra

Cargos en 1989:

- Miembro Suplente del Comité Central
- Viceministro de las Fuerzas Armadas
- Jefe de la Marina de Guerra
- Contraalmirante de la Marina de Guerra

Subordinación Directa: Raúl Castro
                         Ulises Rosales

Comentario: A pesar de sus cargos, no es una figura de primer nivel en las Fuerzas Armadas, debido a la relativa poca importancia de la Marina de Guerra.

Nivel: 2.1

PEREZ HERNANDEZ, MANUEL

Lugar de Nacimiento: La Habana
Fecha de Nacimiento: 1938 *
Raza: Blanca

Vinculación Política antes de 1959:

- Movimiento 26 de Julio

Vinculación Política después de 1959:

1986, Miembro Suplente del Comité Central

Esfera de Influencia: Militar

Cargos en 1989:

- Miembro Suplente del Comité Central
- General de Brigada

Nivel: 2.3

PEREZ LEZCANO, SERGIO

Lugar de Nacimiento: Pinar del Río
Fecha de Nacimiento: 1938 *
Raza: Blanca
Nivel Escolar: Universitario
Especialidad: Ciencias Militares

Vinculación Política antes de 1959:

- Movimiento 26 de Julio
- Combatiente del Ejército Rebelde

Vinculación Política después de 1959:

1986,   Miembro Suplente del Comité Central

Esfera de Influencia: Militar

Trayectoria laboral:

1979,   Jefe de la Misión Militar Cubana en Nicaragua
1981,   Jefe de la Dirección de Asesores Militares en el Extranjero de las Fuerzas Armadas
1987,   Sustituto del Jefe de la Dirección Política Central de las Fuerzas Armadas

Cargos en 1989:

- Miembro Suplente del Comité Central
- Sustituto del Jefe de la Dirección Política Central de las Fuerzas Armadas
- General de Brigada

Nivel: 2.2

PIMIENTA VELOZ, EMILIO

Lugar de Nacimiento: Pinar del Río
Fecha de Nacimiento: 1936 *
Raza: Blanca
Nivel Escolar: Universitario
Especialidad: Economía

Vinculación Política después de 1959:

1986,   Miembro suplente del Comité Central

Esfera de Influencia: Administrativa

Trayectoria laboral:

--- Funcionario del Partido en Pinar del Río
1986,   Presidente del Poder Popular en Pinar del Río

Cargos en 1989:

- Miembro Suplente del Comité Central

Comentario: No fue ratificado como Presidente del Poder Populara de Pinar del Río.

Nivel: D

PINEDA VASALLO, VICENTE

Fecha de Nacimiento: 1938 *
Raza: Blanca

Esfera de Influencia: Política

Cargos en 1989:

- Miembro Suplente del Comité Central
- Secretario del Partido de la Misión Civil de Cuba en Ar

Nivel: F

ROBINSON AGRAMONTE, JUAN

Lugar de Nacimiento: Oriente
Fecha de Nacimiento: 1956 *
Raza: Negra

Esfera de Influencia: Política

Cargos en 1989:

- Miembro Suplente del Comité Central
- Primer Secretario de la Unión de Jóvenes Comunistas en La Habana

Nivel: 3.4

ROCA IGLESIAS, ALEJANDRO

Lugar de Nacimiento: La Habana
Fecha de Nacimiento: 1933 *
Raza: Blanca
Nivel Escolar: Universitario
Especialidad: Economía

Esfera de Influencia: Administrativa

Trayectoria laboral:

1962,   Director de Empresas en el Ministerio de Industrias
1965,   Viceministro de la Industria Alimenticia
1980,   Ministro de la Industria Alimenticia

Cargos en 1989:

- Miembro Suplente del Comité Central
- Ministro de la Industria Alimenticia

Subordinación Directa: Jaime Crombet
                             Osmany Cienfuegos

Comentario: Ha tenido una sólida carrera como dirigente administrativo y sus ascensos han sido auspiciados por José Naranjo, el ayudante de Fidel Castro.

Nivel: 2.2

RODILES PLANAS, SAMUEL

Lugar de Nacimiento: Oriente
Fecha de Nacimiento: 1938 *
Raza: Blanca
Nivel Escolar: Universitario
Especialidad: Ciencias Militares

Vinculación Política antes de 1959:

- Movimiento 26 de Julio
- Combatiente del Ejército Rebelde

Vinculación Política después de 1959:

1965,   Partido Comunista de Cuba
1986,   Miembro Suplente del Comité Central

Esfera de Influencia: Militar

Cargos en 1989:

- Miembro Suplente del Comité Central
- General de Brigada de las Fuerzas Armadas

Nivel: 2.1

RODRIGUEZ ALONSO, MIRTHA

Lugar de Nacimiento:	La Habana
Fecha de Nacimiento:	1943 *
Raza:	Blanca
Nivel Escolar:	Universitario
Especialidad:	Ciencias Sociales

Esfera de Influencia: Política

Trayectoria laboral:

1968, Funcionaria de la Unión de Jóvenes Comunistas
1980, Funcionaria del Partido en La Habana
1984, Funcionaria del Partido en Ciudad de La Habana

Cargos en 1989:

- Miembro Suplente del Comité Central
- Funcionaria del Partido en Ciudad de La Habana

Nivel: F

RODRIGUEZ CURBELO, BRUNO

Lugar de Nacimiento:	La Habana
Fecha de Nacimiento:	1944 *
Raza:	Blanca
Nivel Escolar:	Medio

Vinculación política después de 1959:

1986, Miembro Suplente del Comité Central

Esfera de Influencia: Militar

Esfera de Influencia:

—   Oficial de las fuerzas armadas a cargo de tareas administrativas
1975,   Ayudante del General de División, Abelardo Colomé Ibarra
1980,   Ayudante y Jefe de la Secretaría del Ministro de las Fuerzas Armadas

Cargos en 1989:

- Miembro Suplente del Comité Central
- Ayudante y Jefe de la Secretaría del Ministro de las Fuerzas Armadas
- General de Brigada

Nivel: 2.3

RODRIGUEZ DIAZ, MIGUEL

Lugar de Nacimiento: Pinar del Río
Fecha de Nacimiento: 1940 *
Raza: Blanca

Vinculación política después de 1959:

1986,   Miembro Suplente del Comité Central

Esfera de Influencia: Política

Trayectoria laboral:

- Presidente del Poder Popular en la Isla de la Juventud
- Segundo Secretario del Partido en la Isla de la Juventud

Cargos en 1989:

- Miembro Suplente del Comité Central
- Segundo Secretario del Partido en la Isla de la Juventud

Nivel: 3.3

RODRIGUEZ NODAL, ADOLFO

Lugar de Nacimiento: Las Villas
Fecha de Nacimiento: 1943 *
Raza: Blanca
Nivel Escolar: Universitario
Especialidad: Ingeniería Agronómica

Esfera de Influencia: —

Cargos en 1989:

- Miembro Suplente del Comité Central
- Director del Centro Nacional de Investigaciones de Viandas Tropicales

Nivel: F

RONDA MARRERO, ALEJANDRO

Lugar de Nacimiento: La Habana
Fecha de Nacimiento: 1940 *
Raza: Blanca
Nivel Escolar: Universitario
Especialidad: Ciencias Militares

Vinculación Política antes de 1959:

- Movimiento 26 de Julio

Vinculación Política después de 1959:

1986,   Miembro Suplente del Comité Central

Esfera de Influencia: Militar

Trayectoria laboral:

1960,   Oficial de la Brigada de Tropas Especiales del Ministerio del Interior
1985,   Jefe de la Dirección de Operaciones Especiales del Ministerio del Interior

Cargos en 1989:

- Miembro Suplente del Comité Central
- Jefe de la Dirección de Operaciones Especiales del Ministerio del Interior
- General de Brigada

Subordinación Directa: Abelardo Colomé Ibarra

Comentario: La Brigada de tropas especiales es un cuerpo éltite de gran capacidad y eficiencia combativa y preparada para situaciones extremas. La posición que asuma este cuerpo puede ser de gran peso ante cualquier alternativa de cambio en las estructuras cubanas.

Nivel: 1.2

RUIZ CAMPOS, JOSE

Lugar de Nacimiento: Camagüey
Fecha de Nacimiento: 1938 *
Raza: Blanca

Esfera de Influencia: Política

Cargos en 1989:

- Miembro Suplente del Comité Central
- Primer Secretario del Partido en el municipio de Camagüey

Nivel: 3.4

SANCHEZ ALBERRO, EDUARDO

Fecha de Nacimiento: 1942 *
Raza: Negra

Esfera de Influencia: Seguridad del Estado

Cargos en 1989:

- Miembro Suplente del Comité Central
- Coronel del Ministerio del Interior

Nivel: F

SARMIENTO SOTELO, MANUEL

Lugar de Nacimiento: Oriente
Fecha de Nacimiento: 1942 *
Raza: Blanca
Nivel Escolar: Universitario
Especialidad: Periodismo

Esfera de Influencia: Política

Cargos en 1989:

- Miembro Suplente del Comité Central
- Primer Secretario del Partido en Moa

Nivel: 3.4

SMITH PRIDDE, JAIME

Lugar de Nacimiento: Camagüey
Fecha de Nacimiento: 1946 *
Raza: Negra
Nivel Escolar: Medio

Esfera de Influencia: —

Cargos en 1989:

- Miembro Suplente del Comité Central
- Mecánico de una Empresa de Construcción

Nivel: F

SOTO AGÜERO, MILAGROS

Lugar de Nacimiento: Oriente
Fecha de Nacimiento: 1952 *
Raza: Blanca

Esfera de Influencia: Política

Cargos en 1989:

- Miembro Suplente del Comité Central
- Primera Secretaria de la Unión de Jóvenes Comunistas en Guantánamo

Nivel: 3.4

SOTOMAYOR GARCIA, ROMARICO

Lugar de Nacimiento:	Oriente
Fecha de Nacimiento:	1939 *
Raza:	Blanca
Nivel Escolar:	Universitario
Especialidad:	Ciencias Militares

Vinculación Política antes de 1959:

- Movimiento 26 de Julio
- Combatiente del Ejército Rebelde

Vinculación Política después de 1959:

1962, Partido Unido de la Revolución Socialista
1986, Miembro Suplente del Comité Central

Esfera de Influencia: Militar

Trayectoria laboral:

1959, Jefe de Pequeñas Unidades de Infanteria en las Fuerzas Armadas
1975, Misión en Angola
1978, Misión en Etiopía
1980, Estudios en la Unión Soviética
1983, Misión en Angola
1985, Jefe de Estado Mayor del Ejército Oriental
1989, Viceministro del Ministerio del Interior

Cargos en 1989:

- Miembro Suplente del Comité Central
- Viceministro del Ministerio del Interior
- General de División

Subordinación Directa: Abelardo Colomé Ibarra

Comentario: Su sorpresivo nombramiento como Viceministro del Ministerio del Interior está dirigido a implantar una férrea disciplina dogmática en este organismo y erradicar los hábitos de conducta occidentalizados de la oficialidad del mismo.

Nivel: 1.2

SUAREZ CAMPOS, MARIA

Lugar de Nacimiento: La Habana
Fecha de Nacimiento: 1942 *
Raza: Blanca

Esfera de Influencia: Política

Cargos en 1989:

- Miembro Suplente del Comité Central
- Primera Secretaria del Partido en Bejucal

Nivel: 3.4

TAMAYO MENDEZ, ARNALDO

Lugar de Nacimiento: Oriente
Fecha de Nacimiento: 1942
Raza: Mestiza
Nivel Escolar: Universitario
Especialidad: Cosmonáutica

Vinculación Política después de 1959:

1964, Unión de Jóvenes Comunistas
1967, Partido Comunista de Cuba
1980, Miembro Suplente del Comité Central

Esfera de Influencia: Militar

Trayectoria laboral:

1960,   Estudiante de Aviación
1962,   Piloto de la Base Aérea de San Antonio de los Baños
1963,   Piloto de la Brigada Aérea de Caza de Santa Clara
1978,   Preparación y ejecución del vuelo espacial Intercosmos.
1980,   Presidente de la Sociedad Patriótico Militar

Cargos en 1989:

- Miembro Suplente del Comité Central
- Presidente de la Sociedad de Educación Patriótico Militar
- Coronel de las Fuerzas Armadas

Comentario: Su presencia en el Comité Central es debido a su condición de ser el único cosmonauta cubano.

Nivel: F

UMPIERRE SUAREZ, OSVALDO

Lugar de Nacimiento: Matanzas
Fecha de Nacimiento: 1937 *
Raza: Blanca
Nivel Escolar: Universitario
Especialidad: Ciencias Políticas

Esfera de Influencia: Política

Cargos en 1989:

- Miembro Suplente del Comité Central
- Funcionario del Partido en Matanzas

Nivel: F

VERDECIA RAMIREZ, JOSE

Lugar de Nacimiento: Oriente
Fecha de Nacimiento: 1940 *
Raza: Blanca

Esfera de Influencia: Política

Cargos en 1989:

- Miembro Suplente del Comité Central
- Segundo Secretario del Partido en Granma

Nivel: 3.3

VILA CRUZ, MANUEL

Fecha de Nacimiento: 1947 *
Raza: Blanca
Nivel Escolar: Universitario

Esfera de Influencia: —

Cargos en 1989:

- Miembro Suplente del Comité Central
- Director del Instituto Politécnico "Lázaro Cárdenas"

Nivel: F

OTROS

MARTINEZ PUENTE, RUBEN

Lugar de Nacimiento: Oriente
Fecha de Nacimiento: 1942
Raza: Mestiza
Nivel Escolar: Universitario
Especialidad: Ciencias Militares

Vinculación Política antes de 1959:

-   Juventud Socialista Popular
-   Movimiento 26 de Julio
-   Combatiente del Ejército Rebelde

Vinculación Política después de 1959:

1962,   Unión de Jóvenes Comunistas
1963,   Partido Unido de la Revolución Socialista
1965,   Partido Comunista de Cuba

Esfera de Influencia: Militar

Trayectoria laboral:

1960,   Estudios de aviación en Checoslovaquia
1962,   Oficial y Piloto de la Fuerza Aérea
1981,   Estudios en la Academia del Estado Mayor de la Unión Soviética
1983,   Misión en Angola
1985,   Jefe de la Fuerza Aérea Oriental
1987,   Jefe de la Defensa Antiaérea y Fuerza Aérea Revolucionaria

Cargos en 1989:

-   Jefe de la Defensa Antiaérea y Fuerza Aérea Revolucionaria
-   General de Brigada

Subordinación Directa: Raúl Castro Ruz
                              Ulises Rosales del Toro

Comentario: Ha transitado escalonadamente por todas las responsabilidades asociadas a su especialidad, la aviación militar. El hecho de que siendo el Jefe de la Aviación, no integre el Comité Central se debe a que se ascenso a este cargo dentro del Ejército Cubano se produjo en 1987, cuando ya se había celebrado el Congreso del Partido. Es de esperar que se le incluya en la máxima instancia política en el próximo Congreso. Su actual posición de Jefe de la Fuerza Aérea Cubana lo inserta en el grupo máximo de poder debido al peso e independencia de la aviación de guerra, a pesar de que su relativamente lenta promoción dentro del Ejército no lo habían hecho un militar de gran prestigio.

Nivel: 1.2

PARDO GUERRA, RAMON

Lugar de Nacimiento: Oriente
Fecha de Nacimiento: 1943 *
Raza: Blanca
Nivel Escolar: Universitario
Especialidad: Ciencias Militares

Vinculación Política antes de 1959:

- Movimiento 26 de Julio
- Combatiente del Ejército Rebelde

Vinculación Política después de 1959:

1965, Miembro Efectivo del Comité Central

Esfera de Influencia: Militar

Trayectoria laboral:

1960, Jefe de Grandes Unidades de las tropas terrestres de las Fuerzas Armadas
1981, Jefe del Regimiento Motomecanizado de Lubango en el Sur de Angola
1983, Estudios en la Academia del Estado Mayor de la Unión Soviética
1985, Sustituto del Jefe del Ejército Occidental
1989, Jefe del Ejército Occidental

Cargos en 1989:

- Jefe del Ejército Occidental
- General de División

Subordinación Directa: Raúl Castro Ruz
Ulises Rosales del Toro

Comentario: La posición de jefe de un ejército dentro de las fuerzas armadas otorga, al que la ocupe, un poder real que va más allá de consideraciones de relaciones, historia o representatividad formal. Ante cualquier alternativa, dentro de la sociedad cubana, los tres jefes de ejércitos son factores decisivos a tener en cuenta. Esto es especialmente válido en el caso de Pardo Guerra, que aunque no integró el presente Comité Central, (sí lo hizo en los tres anteriores), debido a la coyuntura de haber sido nombrado al frente del Ejército Occidental, motivado por el fusilamiento de Ochoa, debe ser considerado como figura de primera línea y, probablemente, sea el primer caso de regreso al Comité Central, en el próximo Congreso.

Nivel: 1.2

ANEXOS

ANEXOS

ANEXO 1

RELACION DE MIEMBROS DEL BURO POLITICO Y DEL SECRETARIADO DEL COMITE CENTRAL DEL PARTIDO COMUNISTA DE CUBA

Miembros Efectivos del Buró Político

- Fidel Castro Ruz
- Raúl Castro Ruz
- Juan Almeida Bosque
- Julio Camacho Aguilera
- Osmany Cienfuegos Gorriarán
- Abelardo Colomé Ibarra
- Vilma Espín Guillois
- Armando Hart Dávalos
- Esteban Lazo Hernández
- José R. Machado Ventura
- Pedro Miret Prieto
- Jorge Risquet Valdés
- Carlos Rafael Rodríguez Rodríguez
- Roberto Veiga Menéndez

Miembros Suplentes del Buró Político

- Luis Alvarez de la Nuez
- Senén Casas Regueiro
- José Ramón Fernández Alvarez
- Yolanda Ferrer Gómez
- Raúl Michel Vargas
- José Ramírez Cruz
- Julián Rizo Alvarez
- Ulises Rosales del Toro
- Rosa Elena Simeón Negrín
- Lázaro Vázquez García

Miembros del Secretariado

- Fidel Castro Ruz
- Raúl Castro Ruz
- José R. Machado Ventura
- José Ramón Balaguer Cabrera
- Sixto Batista Santana
- Jaime Crombet Hernández
- Jorge Risquet Valdés
- Julián Rizo Alvarez
- Pedro Ross Leal
- Lionel Soto Prieto

ANEXO 2

RELACION DE BAJAS DEL COMITE CENTRAL DESPUES DE INTEGRADO EL MISMO EN FEBRERO DE 1986

Después de constituído, el Comité Central ha sufrido 11 bajas, cinco por muerte natural y seis por expulsión.

NOMBRE		CAUSAS
- José Abrantes Fernández	Expulsado	Acusado de corrupción y condenado a 20 años de prisión
- Flavio Bravo Pardo	Fallecido	Enfermedad
- Francisco Cruz Bourzac	Fallecido	Accidente de aviación en Angola
- Luis Orlando Domínguez Muñiz	Expulsado	Acusado de corrupción y condenado a 20 años de prisión
- Nicolás Guillén Batista	Fallecido	Enfermedad
- Pascual Martínez Gil	Expulsado	Acusado de corrupción y condenado a 15 años de prisión
- Arnaldo Ochoa Sánchez	Expulsado	Acusado de vinculación al narcotráfico y corrupción y posteriormente fusilado
- Humberto Pérez González	Expulsado	Acusado de introducir mecanismos capitalistas en la economía
- Blas Roca Calderío	Fallecido	Enfermedad
- Diocles Torralba	Expulsado	Acusado de corrupción y condenado a 20 años de prisión
- Noel Zubiaur Mir	Fallecido	Enfermedad

ANEXO 3

RELACION DE CARGOS DE IMPORTANCIA EN LOS QUE SUS TITULARES NO PERTENECEN AL COMITE CENTRAL DEL PARTIDO COMUNISTA

En la Administración

Ministerio	Titular
- Comité Estatal de Colaboración Económica	Ernesto Meléndez Bach
- Comité Estatal de Finanzas	Rodrigo García León
- Comité Estatal de Precios	Arturo Guzmán Pascual
- Comité Estatal de Normalización	Ramón Darias Rodes
- Comité Estatal de Estadística	Fidel Vascós González
- Ministerio de Comunicaciones	Manuel Castillo Rebasa
- Ministerio de Materiales de Construcción	José M. Cañete
- Ministerio de Comercio Interior	Manuel Vila Sosa
- Ministerio de la Industria Pesquera	Jorge Fernández Cuervo
- Ministerio de Comercio Exterior	Ricardo Cabrisas Ruíz
- Ministerio del Azúcar	Juan Herrera Machado
- Ministro de la Industria Sidero-Mecánica	Marcos Lage Coello

En el Ejército

Viceministerio	Titular
- Defensa Civil	General Guillermo Rodríguez Pozo
- Retaguardia Central	General Julio Fernández
- Preparación Combativa	General Pedro García Pelaez
- Construcciones y Albergue de Tropas	General Irving Ruíz Brito
- Tecnología y Producción	?

ANEXO 3 (CONT.)

En el Partido

Departamento del Comité Central	Titular
- Agricultura y Nivel de Vida	Clara Toledo Martínez
- Industria Básica	Eugenio Mainegra
- Organismos Estatales y Judiciales	Félix Pérez Milián
- Construcciones	Juan Rosas Peña
- Consumo y Servicios	Mario Torres Marín
- Organizaciones de Masas	?
- Azúcar	?

ANEXO IV

DATOS BASICOS SOBRE LOS MIEMBROS DEL COMITE CENTRAL

	EFECTIVOS		SUPLENTES		TOTAL	
	CANT.	%	CANT.	%	CANT.	%
ORIGEN POLITICO						
Filiación Comunista	29	20	3	4	32	14
Movimiento 26 de Julio	67	46	11	14	78	35
Directorio 13 de Marzo	3	2			3	1
Sin Antecedentes Políticos	47	32	65	82	112	50
TOTAL	146	100	79	100	225	100
SEXO						
Hombres	127	87	57	72	184	82
Mujeres	19	13	22	28	41	18
TOTAL	146	100	79	100	225	100
RAZA						
Blancos	117	80	53	67	170	76
Negros	29	20	26	33	55	24
TOTAL	146	100	79	100	225	100
EDAD						
Más de 70	6	4			6	3
Entre 60 y 69	28	19			28	12
Entre 50 y 59	65	45	26	33	91	40
Entre 40 y 49	41	28	44	56	85	38
Menos de 40	6	4	9	11	15	7
TOTAL	146	100	79	100	225	100
EDAD PROMEDIO	54		47		51	

COLOFON

Esta primera edición, de 1,000 (un mil) ejemplares, de "¿QUIEN MANDA EN CUBA?, LAS ESTRUCTURAS DEL PODER, LA ELITE", de Manuel Sánchez Pérez, se terminó de imprimir en EDITORA TALLER, C. por A., Isabel la Católica 309, Santo Domingo, República Dominicana, en el mes de octubre de 1989.-

Date Due

ROOM USE ONLY

UML 735